BIBLIOTHEQUE

D'UN HOMME DE GOÛT.

TOME PREMIER.

BIBLIOTHEQUE D'UN HOMME DE GOÛT,

OU

AVIS SUR LE CHOIX DES MEILLEURS Livres écrits en notre Langue ſur tous les genres de Sciences & de Littérature ;

AVEC

Les jugemens que les Critiques les plus impartiaux ont porté ſur les bons Ouvrages, qui ont paru depuis le renouvellement des Lettres juſqu'en 1772.

Par L. M. D. V. Bibliothécaire de Mgr. LE DUC DE **.

Paretur quantum ſatis ſit Librorum, nihil in apparatum.
Senec. de Tranq. Cap. 9.

TOME PREMIER.

A AVIGNON,
De l'Imprimerie de JOSEPH BLERY.
Et ſe vend
Chez ANTOINE AUBANEL, Libraire,
Rue de la Balance.

M. DCC. LXXII.

ERRATA.

(*N. B.*) Une maladie n'ayant pas permis à l'Auteur de préſider à l'impreſſion de ſon Livre, il s'y eſt gliſſé quelques fautes qui forment des erreurs ou des contre-ſens; & d'autres plus légeres que le Lecteur intelligent voudra bien corriger.

TOME PREMIER.

PAg. 2. lig. 11. un miſérable aveugle; *liſez* un pauvre aveugle.

Pag. 26. *mettez* à la fin de l'article de *Térence*, que la traduction de ce Poëte, par M. l'Abbé le *Monnier*, a paru & qu'on en eſt généralement content.

Pag. 68. *ajoutez* à la fin de l'article de *Perſe*, que ſes Satyres ont été traduites en 1771. par M. l'Abbé le *Monnier*, dont la verſion eſt préférée à celle du P. *Tarteron*.

Pag. 93. lig. 2. déſavouée; *liſez* déſavoué.

Pag. 98. lig. 23. mais un poëme épique; *liſez* mais non un poëme épique.

Pag. 119. lig. 21. conformité; *liſez* uniformité.

Pag. 125. lig. 25. Il s'appelle *Hudibras*; *liſez*, il eſt intitulé *Hudibras*.

Pag. 131. lig. 8. M. d'*Young*; liſez *Young*.

A la fin du même article Young; L'ame de *Milton* elle-même reſpire dans ces morceaux & dans un petit nombre d'autres; *liſez* & dans beaucoup d'autres.

Pag. 136. lig. 22. Arnauld; *liſez* Arnaud.

Pag. 152. lig. 3. l'*Alaris* ; lisez l'*Alaric*.
Pag. 163. lig. 11. allusion ; *lisez* illusion.
Pag. 169. lig. 4. jetteroient ; *lisez* jetteroit.
Pag. 178. lig. 26. *Omphocle* ; lisez *Omphale*.
Pag. 199. lig. 3. meilleur ; *lisez* moelleux.
Pag. 209. *mettez* à la fin du chapitre de l'apologue. On a publié en 1771. *in*-12. un recueil intéressant, intitulé : le *Fablier françois*, ou *Elite des meilleures fables depuis Lafontaine*.
Pag. 213. lig. 25. *corrigez ainsi cet alinea* : Parmi les Eleves de M. de *V.*** il faut distinguer M. *Desmahis*. Délicatesse d'esprit, finesse de critique, &c.
Pag. 316. lig. derniere : le blâme peut être bon ; *lisez* cette censure peut être juste.

LETTRE
A MONSEIGNEUR
LE DUC DE**.
SERVANT DE PRÉFACE.

RIEN *n'est plus louable*, MONSEIGNEUR, *que le projet que vous formez. Il est beau d'abandonner au printems de l'age, au milieu des douces illusions de la grandeur, & dans le sein de l'abondance, les plaisirs des sens, pour vous livrer entiérement à ceux de l'esprit. Mais pour goûter ces plaisirs plus long-tems & ne point vous en rassasier, il faut mettre du choix dans vos lectures & savoir vous borner. La Littérature est un champ immense, où le Chardon croît à côté de la Rose; il est bon de pouvoir démêler les fleurs à travers les épines qui les étouffent.*

Vous paroissez résolu à ne lire que des Livres françois. Ce n'est pas que vous dédaigniez la lecture des chefs-d'œuvres d'Athènes & de Rome, la meilleure école du goût & du génie ; mais né avec un tempérament aussi délicat que votre esprit, & ne voulant pas vous faire de l'étude un travail pénible, vous avez pensé, avec raison, qu'on éprouvoit toujours quelque fatigue en lisant des Livres écrits dans une langue morte, dont les tours variés, les expressions singulieres, les inversions fréquentes mettent l'esprit à la torture.

Vous savez, d'ailleurs, que nous sommes assez riches de nous-mêmes, pour pouvoir nous passer des richesses des Grecs & des Latins. Il n'est question que de connoître nos trésors. Vous voulez satisfaire votre curiosité à cet égard. Vous désirez que je vous applanisse la carriere des Sciences & de la Littérature, en vous indiquant les sentiers qui y menent. Philosophie, Eloquence, Poésie, Histoire, rien n'est étranger à votre goût. Vous ne serez point content que vous ne jouissiez de tout ce que nous possédons. Je tâcherai de répondre à vos vues, mais avec la circonspection d'un homme qui ne veut ni s'égarer, ni vous égarer.

Ce qui me donne quelque confiance, c'est que je n'ai rien dit de moi-même, dans la production que je vous présente. Il s'agissoit de juger les Ouvrages & les Auteurs. Je ne me sentois pas assez fort pour tenir la balance. Qu'ai-je fait? J'ai puisé dans tous les Livres de critique, dans les Journaux, dans les Observations, dans les Jugemens littéraires; mais j'ai très-rarement cité mes autorités. Plusieurs raisons me dispensoient de m'imposer cette gêne.

1°. *Je n'écrivois d'abord que pour vous, & vous ne vouliez pas que je me fisse une occupation laborieuse, d'un travail que l'amitié, qui me l'avoit fait entreprendre, me rendoit infiniment agréable.*

2°. *Les différens Journalistes n'étant pas toujours d'accord, il falloit les concilier & combiner leurs jugemens. On ne pouvoit donc citer à la lettre tous les passages qu'on a emprunté d'eux; si on l'avoit fait, on auroit laissé le lecteur dans l'incertitude.*

3°. Rien n'est plus insipide & n'entraîne plus de longueurs que ce tas de citations continuelles. Il faut employer quatre pages lorsqu'on entasse guillemets sur guillemets pour dire ce qu'on renfermeroit facilement dans la moitié d'une. C'est ainsi que certains critiques ont surchargé la forme de leurs ouvrages sans augmenter la valeur du fonds. Ils ont compilé de volumes, pour apprendre au public que les Livres qu'il pouvoit lire, se réduisoient à un très-petit nombre.

Il ne faut pas vous imaginer que tous les genres de Littérature soient également abondans. Si je suis plus court dans une partie que dans une autre, c'est que nous sommes plus pauvres dans cette partie là. Quoiqu'on écrive beaucoup dans ce siécle, il y a des vuides dans nos Bibliothèques. Combien de morceaux historiques qui n'ont jamais été traités, ou ce qui revient au même, qui l'ont été d'une maniere dégoûtante. Une paresse générale, couverte sous les dehors de l'activité, gagne presque tous les Ecrivains. On est plus vif dans ce siécle, mais on est moins laborieux que dans le siécle précédent. On se sent capable de broder un sujet commun de quelques phrases brillantes; on ne l'est point de soutenir des recherches fatigantes. N'en blâmons pas les Auteurs; c'est le public qui les a gâtés; il veut du frivole, & nos Ecrivains n'ont pu s'empêcher de se tourner vers cet objet du goût dominant du siécle.

Ce n'est point l'histoire des Sciences & des Arts que j'ai prétendu faire; un tel projet auroit été au-dessus de mes connoissances & de mes forces. Mon dessein a été seulement d'indiquer les meilleurs Livres sur les Sciences & les Arts. Un plan plus vaste auroit rendu mon ouvrage plus volumineux sans le rendre peut-être plus instructif.

Parmi les Livres auxquels j'ai eu recours, je dois citer avec reconnoissance la Bibliothèque Françoise *de M. l'Abbé* Goujet. *Elle m'a été d'un grand secours pour certaines parties;*

car ce savant Ecrivain n'a pas traité, à beaucoup près, tout ce qui regarde la Littérature. Le dessein qu'il avoit formé de faire connoître généralement tous les Livres écrits en François, a donné à sa Bibliothèque une étendue immense. Si je l'ai suivi dans plusieurs choses, je ne l'ai point imité dans celle-ci. J'ai cru que quand on avoit indiqué les monnoyes en or & en argent, il étoit inutile de détailler les espèces en cuivre & en bronze. M. l'Abbé Goujet pensoit différemment : aussi il lui a fallu dix volumes pour l'histoire des Rimailleurs qui ont précédé l'aurore de la belle Poësie en France ; & pour s'être trop appesanti sur les mauvais Poëtes, il s'est vu obligé par le dégoût du public, à abandonner ce qu'il auroit pu écrire sur les bons.

Le célébre M. Formei, qui a publié avant moi des Conseils pour former une Bibliothèque, s'est plus resserré que M. l'Abbé Goujet. Mais il a donné peut-être dans un excès opposé. Dévoué depuis bien des années *aux travaux les plus importans, il n'a pu consacrer à ses* Conseils *que quelques heures d'un tems qu'il employoit ailleurs avec tant d'utilité. Son ouvrage est fort superficiel, & n'est pas toujours judicieux dans la distribution des louanges & des censures. Les plus mauvais Auteurs s'y trouvent à côté des meilleurs & ils reçoivent à peu près les mêmes éloges. J'ai eu soin, autant que je l'ai pu, de les distinguer les uns des autres, & de les peindre sous des traits si différens qu'on ne puisse les confondre. Il auroit été agréable pour moi, mais sans doute fort ennuyeux pour mes lecteurs, de donner un Livre tout rempli de louanges; il falloit quelques Ecrivains médiocres pour faire contraste avec les excellens, & pour rompre l'uniformité.*

En appréciant le mérite des Ecrivains que la mort nous a enlevés, je me suis permis un peu plus de liberté que dans le compte que j'ai rendu des productions des Auteurs-vivans. J'ai rendu justice à ceux-ci en les louant presque tous, & si quelque Lecteur pense que je leur aurois rendu plus de justice en les critiquant, qu'il se mette à la place de ces Ecrivains, & qu'il voie si son amour propre auroit supporté facilement les critiques même les plus justes. Je n'ai voulu choquer personne; mais je n'ai pas voulu non plus choquer le public, en lui cachant les défauts qu'il désiroit connoître. J'ai tâché de garder un milieu entre l'extrême indulgence qui avilit & l'extrême sévérité qui révolte. Ai-je réussi? C'est ce que les Lecteurs équitables décideront.

Je ne me suis point astreint, dans l'arrangement de mon Livre, à l'ordre que les Bibliographes suivent ordinairement. J'ai cru que pour éviter la sécheresse & la monotonie, il falloit mêler les sujets qui offrent quelques détails piquans avec ceux qui ne présentent que des notices séches, & qui ne peuvent guéres présenter autre chose. C'est en unissant ainsi ce que peut être agréable & ce qui n'est sim-

plement qu'instructif, qu'on peut se flatter de se faire lire, ou du moins de se faire supporter à ses Lecteurs; car je n'aspire qu'à cela, & avec des talens médiocres peut-on avoir sans témérité des vues plus élevées?

TABLE
DES CHAPITRES
ET DES PARAGRAPHES

Contenus dans ce premier Volume.

Fin de la Table des Chapitres du premier Volume.

BIBLIOTHÉQUE

BIBLIOTHEQUE D'UN HOMME DE GOÛT.

CHAPITRE I.

DES POËTES ANCIENS.

§. I.

Des Poëtes Grecs & des Versions qui en ont été faites.

LE but de la Poésie chez tous les peuples a été de plaire & de plaire en remuant les passions ; ainsi c'est tantôt le langage des Dieux & tantôt celui des Démons, suivant les effets qu'elle produit. Ce langage a été encore plus souvent profané que consacré par ceux qui l'ont employé. Je ne parle point du faux éclat qu'ils ont prêté à des pensées communes, je parle des vices que la Poésie a embellis & des crimes qu'elle a canonisés. Cependant malgré ces abus, on aime les Poëtes, & je suis bien éloigné de blâmer ce goût. Il n'est question que de le contenir dans ses bornes.

HOMERE.

On a toujours regardé ce vieil Auteur comme le pere & même comme le Dieu de la Poésie. Ses ouvrages sont plus connus que sa personne. On sçait seulement que c'étoit un misérable aveugle qui alloit chanter les fruits de sa muse dans les villages & les hameaux. Il y a deux Poëmes fameux qui portent son nom l'*Iliade* & l'*Odyssée*. Dans le premier, *Homere* chante les fureurs d'*Achille* qui se fâche pour une femme, & abandonne les Grecs armés pour ravoir cette femme. Tout est grand, tout est sublime dans ce chef d'œuvre, à ce que disent les admirateurs de l'antiquité. L'autre Poëme d'*Homere* est l'*Odyssée*, où il célébre les aventures d'*Ulisse*, petit Roi d'Itaque, après la ruine des Troyens.

Ces deux ouvrages ont fait regarder *Homere* comme la Divinité du Parnasse ; mais il s'est trouvé dans le siecle dernier & dans le nôtre plusieurs infidéles qui ont voulu renverſer ſes Autels. Ces cenſeurs ont tout critiqué juſqu'au deſſein d'*Homere* ; & deſcendant du plan aux détails, ils ont trouvé ridicule que des Rois & des grands Capitaines fiſſent leurs cuiſines eux-mêmes ; que leurs mets les plus friands fuſſent du bœuf, du mouton, du porc grillé ſur les charbons ; que leurs richeſſes ne conſiſtaſſent qu'en beſtiaux ; qu'ils ſe fiſſent des préſens de chaudieres, de trépieds & d'autres choſes ſemblables ; qu'*Homere* fît pleurer ſes Héros ; qu'il leur mît dans la bouche des injures, lorſqu'ils ſont en colere. Ils ont condamné ſes fictions touchant les Dieux comme puériles. Ils ont cenſuré ſes comparaiſons, ſes épithetes, ſes fréquentes répétitions. Selon eux, *Homere* s'abandonne à l'emportement & à l'intempérance de ſon imagination ſans aucun diſcernement. Il ſort preſque toujours de ſon ſujet par la multiplicité & par l'attirail de ſes épiſodes. Il eſt moins ſoigneux de bien penſer que de bien dire ; & cependant ſon ſtile eſt ſouvent trop ſimple, trop dénué d'ornemens, ou du moins il y en a peu qui ſoient de notre goût. Sa morale ne leur plaît pas davantage, & en beaucoup d'endroits ils la trouvent très-dangereuse pour les bonnes mœurs.

Les défenseurs d'*Homere*, en avouant une partie de ses défauts, ne tarissent point sur ses beautés. Suivant eux tout respire, tout agit dans ses Poëmes; c'est le Peintre de la nature. Tous ses Héros ont de la valeur; mais les traits dont il peint leur courage sont aussi variés que leurs caractères mêmes. Son coloris est celui d'un grand Maître, & son expression prend toujours la couleur de sa pensée.

De si grands talens n'ont jamais pu désarmer l'envie. *Zoïle* dans l'antiquité déprima tant qu'il put *Homere*, & il a trouvé des imitateurs en France. Le premier, qui chez nous osa s'élever contre lui fut l'Abbé de *Boisrobert*, Ecrivain médiocre, mais célébre par sa faveur auprès du Cardinal de *Richelieu*. Il comparoit le divin *Homere* à ces chanteurs de carrefours qui ne débitent leurs vers qu'à la canaille. *Desmarets* de *St. Sorlin*, ensuite *Charles Perrault* l'Auteur du *Parallele des Anciens & des Modernes*, parurent sur les rangs. Mais ce dernier adversaire paroissoit si peu redoutable, que le plus vif partisan des Anciens, *Des-*

preaux, demeuroit dans le ſilence. Cette indifférence, dans un homme dont la bile étoit ſi facile à émouvoir à la moindre atteinte contre le bon goût & la raiſon, étonna ſinguliérement le Prince de *Conti*. Ce Prince dit publiquement un jour qu'il iroit à l'Académie Françoiſe écrire ſur la place de Deſpreaux : *Tu dors, Brutus*. Le Satyrique ſe réveilla enfin ; mais, ſans vouloir s'amuſer à défendre *Homere* contre les critiques ſuperficielles de l'Auteur du *Parallele*, il s'attacha uniquement à relever les bevuës de ce ridicule antagoniſte ; & la diſpute fut terminée par rire aux dépens de *Perrault*.

Houdart de la *Motte*, plus bel eſprit que *Perrault*, mais non moins ignorant, a depuis renouvellé la querelle. Il traduiſit *Homere* en vers françois, & en fit une critique raiſonnée. La Marquiſe de *Lambert*, l'Abbé *Terraſſon*, & l'Abbé de *Pons*, qu'on appelloit le *Boſſu de la Motte*, ſe rangerent de ſon côté contre les défenſeurs du Poëte Grec, à la tête deſquels étoit la ſavante Madame *Dacier*. Les Diſſertations de la *Motte* ſont bien écrites, & contiennent des obſervations utiles ; mais il jugeoit un Poëte

Grec, & il n'entendoit pas le Grec. Il ressembloit à un Magistrat qui voudroit terminer un procès sans pouvoir lire les pieces.

D'autres Ecrivains parurent dans cette dispute ; mais ce fut pour se mocquer des deux partis. On fit de cette ridicule querelle le sujet de quelques farces. Les Acteurs de la Foire représenterent *Arlequin Défenseur d'Homere*. Dans cette Piece *Arlequin* tiroit respectueusement l'Iliade d'une chasse, prenoit successivement par le menton les Acteurs & les Actrices & la leur donnoit à baiser en réparation de tous les outrages faits à *Homere*. Il y eut aussi une estampe dans laquelle on représentoit un âne qui broutoit l'*Iliade* avec ces vers au bas contre la traduction qu'en avoit donné la *Motte* qui avoit réduit l'Iliade en douze chants ;

Douze Livres mangés,
Et douze estropiés.

Ces plaisanteries ne cesserent que par l'entremise du sage *Valincourt* qui désilla les yeux des Parties intéressées, & leur fit voir enfin le ridicule dont elles se couvroient. La paix se fit dans un repas que *Valincourt* leur donna, &

dont étoit Mme. de *Staal*. „ J'y repré-
„ sentai, dit-elle, la neutralité. On but
„ à la santé d'*Homere*, & tout se passa
„ bien. „ Dans le tems de ces querelles littéraires, on écrivit ces quatre vers sur la porte du cabinet de l'Académie Françoise.

La Motte & la Dacier, avec un zele égal,
Se battent pour Homere, & n'y gagneront rien.
L'une l'entend trop bien pour en dire du mal,
L'autre l'entend trop mal pour en dire du bien.

Il est tems de venir à présent aux traductions du Poëte Grec. La plus complette que nous ayons est duë à une femme. Madame *Dacier* donna l'Iliade en 1711. & l'Odyssée en 1716. Dacier. C'est celle au moins qui plaît & qui fait le mieux connoître le Poëte Grec avec toutes ses grandes qualités, comme avec ses défauts, quoique ceux-ci y soient quelquefois déguisés ou adoucis autant que l'exactitude d'une traduction qui n'a rien de servile a pu le permettre, & que le génie de notre langue semble l'avoir exigé.

M. *Bitaubé* a donné en 1762. une traduction libre de l'Iliade, qu'il a abrégée. Il a écarté les imperfections, & ne s'est attaché qu'aux beautés. Bitaubé.

Cette version ne fait pas connoître *Homere* tel qu'il est ; c'est un vieillard de trois mille ans d'antiquité habillé à la moderne ; mais elle sera luë préférablement à toutes les autres, parce qu'elle est écrite avec plus de feu, plus de poésie, plus de grace, que celles qui ont paru jusqu'à present.

La Motte. On sçait que la *Motte* ne se contenta pas de déprimer l'Iliade d'*Homere* ; il prit un moyen plus sûr d'avilir le Poëte Grec ; ce fut de le travestir en vers françois. En effet la *Motte* ne fit d'un corps plein d'embonpoint & de vie, qu'un squelette aride & désagréable. Toutes les fleurs du Poëte Grec se fanent entre ses mains. L'expression même du sentiment qu'il a heureusement maniée dans son *Inés*, s'est refusée à lui dans son Iliade.

Le Traducteur qui rima l'Iliade,
De douze chants prétendit l'abreger ;
Mais par son stile aussi triste que fade,
De douze en sus il a sçu l'allonger :
Or le Lecteur qui se sent affliger,
Le donne au Diable & dit perdant haleine :
Hé finissez, Rimeur à la douzaine !
Vos Abregés sont longs au dernier point.
Ami Lecteur, vous voilà bien en peine,
Rendons les courts en ne les lisant point.

Cette Epigramme eſt de *Rouſſeau*, & la *Motte* la méritoit en partie. Mais en condamnant ſes vers, il falloit ſçavoir rendre juſtice à ſa proſe. Le Diſcours préliminaire, qui eſt à la tête de ſa traduction, vaut ſeul un bon Poëme.

Il eſt difficile avec les entraves de la rime & le retour ſymétrique des rimes maſculines & feminines de pouvoir donner une traduction d'*Homere* qui plaiſe. On lit pourtant avec plaiſir l'*Iliade d'Homere, traduite en vers, avec des remarques, par M. de Rochefort à Paris in-8°. 1766.* Cette verſion n'eſt qu'un eſſai, & elle n'eſt pas complette. On y trouve un beau diſcours ſur *Homere*. „ Il ſeroit ſans doute à ſouhaiter, dit M. de *Querlon*, „ que tout le feu de ce génie pût paſſer „ dans la traduction de ſon Poëme; „ mais ne demandons pas l'impoſſible. Contentons-nous aujourdhui „ d'avoir les ſix premiers livres de „ l'Iliade, traduits avec autant d'exactitude que les caractères différens „ des deux langues ont pu le permettre.

Rochefort.

HESIODE.

Qu'*Hésiode* ait été avant ou après *Homere*, je le placerai ici. Nous avons de lui le Poëme *des Ouvrages & des Jours* & la *Théogonie* ou Généalogie des Dieux. Ces deux Poëmes n'ont rien de grand que leur sujet ; ils sont sans art, sans invention & sans autre agrément que celui qui peut convenir au genre d'écrire médiocre ; mais *Hésiode* écrivoit en grec, & les plus petites choses acquiérent un prix infini dans cette langue admirable. On prendra une idée de ce Poëte dans l'*Origine des Dieux du Paganisme & le sens des Fables, avec une Traduction des Poésies d'Hésiode par M. Bergier trois vol. in-12.* Cette version est aussi fidelle qu'élégante, & ce que l'Auteur y ajoute pour éclaircir la Mythologie, ne peut qu'être le fruit d'un savoir profond.

Bergier.

POËTES DRAMATIQUES GRECS.

La Grèce a été féconde en Poëtes Dramatiques. *Thespis* est regardé comme l'Inventeur de la Tragedie. Son art, comme on le sent bien, étoit alors extrêmement grossier. Il barbouilloit de lie le visage des Farceurs,

& les promenoit dans les campagnes ſur un tombereau qui leur ſervoit de théatre. *Eſchyle*, qui vint enſuite, fit beaucoup mieux ; il s'attacha à donner de la nobleſſe à la Tragédie, & à y mettre de la vérité. Il porta ſon attention juſques ſur les habits de ſes Acteurs, qu'il rendit héroïques. Ce Poëte eſt quelquefois ſublime & ſouvent outré. Le ſtyle de *Sophocle* étoit grand & élevé. Il eut pour rival le tendre *Euripide*, dont la Poéſie étoit touchante & remplie d'excellentes maximes de morale. Athenes ſe partagea ſur ces deux Tragiques, qui avoient chacun leurs partiſans. Quoi qu'il en ſoit, ils porterent leur art à un ſi haut point de perfection, qu'il ne fit plus que décliner depuis.

Les Grecs ne furent pas auſſi heureux en Poëtes comiques qu'en Poëtes tragiques, & à l'exception du *Cyclope* d'*Euripide*, qui reſſemble plus cependant à une Farce qu'à une Comédie, je ne ſçais que le ſeul *Ariſtophane* dont il nous reſte des Ouvrages entiers, encore n'en avons-nous que la moindre partie. De plus de cinquante Comédies que ce Poëte avoit compoſées, onze ſeulement ſont parvenuës

jusqu'à nous : & c'est même trop, si l'on fait attention à l'abus que ce Poëte a fait de son esprit. „ Ce Poëte,
„ Comique, dit M. de *Voltaire*, qui
„ n'est ni Comique, ni Poëte, n'auroit
„ pas été admis parmi nous à donner
„ ses Farces à la Foire St. *Laurent* ;
„ il me paroît beaucoup plus bas &
„ beaucoup plus méprisable que *Plu-*
„ *tarque* ne le dépeint. Voici ce que
„ le sage *Plutarque* dit de ce Farceur.
„ *Le langage* d'Aristophane *sent son*
„ *misérable Charlatan* ; *ce sont les poin-*
„ *tes les plus basses & les plus dégou-*
„ *tantes* ; *il n'est pas même plaisant*
„ *pour le peuple*, *& il est insupportable*
„ *aux gens de jugement & d'honneur* ;
„ *on ne peut souffrir son arrogance &*
„ *les gens de bien détestent sa ma-*
„ *lignité*. C'est donc là, pour le dire
„ en passant, le Tabarin que Mme.
„ *Dacier* admiratrice de *Socrate*, ose
„ admirer : voilà l'homme qui pré-
„ para de loin le poison dont des
„ Juges infames firent périr l'homme
„ le plus vertueux de la Grèce. Les
„ Tanneurs, les Cordonniers & les
„ Couturieres d'Athènes applaudirent
„ à une Farce dans laquelle on repré-
„ sentoit *Socrate*, élevé en l'air dans

„ un panier, annonçant qu'il n'y avoit „ point de Dieu, & se vantant d'a„ voir volé un manteau en enseignant „ la Philosophie. „ Cette audace cynique fut réprimée, & l'on vit paroître la Comédie moyenne, & enfin la Comédie nouvelle, que *Menandre* inventa & mit en honneur. Il n'épargna pas le vice, ni le ridicule; mais sa satyre est fine & délicate; sans oser se permettre d'odieuses personnalités, il corrige les hommes avec tous les égards qu'impose la probité.

Le P. Brumoi, Jésuite, nous a dispensé de recourir à la source, en donnant son *Théatre des Grecs, contenant des Traductions & Analyses des Tragedies Grecques : des Discours & des Remarques concernant le Théatre Grec*, en trois vol. in-4°. & en six vol. in 12. Un tel Livre étoit nécessaire dans ce siécle, où le mérite des Poëtes Grecs étoit avili, ou ignoré. Il n'a encore rien paru de si raisonnable & de si profond sur ce sujet. A la place des Originaux, que peu de personnes sont en état de lire aujourdhui, c'est une ressource pour notre paresse & notre ignorance, de les trouver tellement traduits & expliqués Brumoi.

par le P. *Brumoi*, que nous pouvons en quelque ſorte ſans ſçavoir le Grec gouter les chefs-d'œuvre de cette Langue. Il y a pourtant quelques taches dans ce Livre d'ailleurs excellent. Le P. *Brumoi* paroît faire trop de cas des plaiſanteries fades & puériles qui naiſſent des jeux de mots, leſquelles ſont ordinairement très-froides. Le ſtyle de l'auteur n'eſt ni aſſez coulant, ni aſſez ſimple; les métaphores hardies, qui ne doivent ſe trouver dans un Ouvrage que comme les diſſonances dans un morceau de muſique, y dominent; & quelquefois ces métaphores ſont, ou mal ſoutenuës, ou trop étrangeres. Il ſemble même que dans la crainte de ne pouvoir former trois volumes in-4°. il n'a pas craint d'être diffus & de ſe répéter.

Du-puy. Les Tragédies de *Sophocle* ont été traduites ſéparément par M. *Dupuy*, 1762., 2. vol. in-12., avec autant de fidélité que d'élégance.

Da-cier. Mme. *Dacier* avoit donné en 1684. le *Plutus* & les *Nuées* d'*Ariſtophane*, & Boi-vin. nous devons à M. *Boivin*, le même qui a mis en françois l'*Œdipe* de *Sophocle*, la traduction des *Oiſeaux*, autre Comédie d'*Ariſtophane*. Quoique ſa verſion ne ſoit pas littérale & d'une fidélité ſcrupuleuſe, le Traducteur n'y a pas mis tout l'agrément qu'on auroit pu attendre d'une plume plus délicate.

La *Traduction d'Eſchyle*, 1770., in-8°., eſt d'un homme qui a brillé dans la carriere dramatique & qui eſt verſé dans tous les genres de Littérature. M. Le Franc de Pompignan.

POËTES LYRIQUES GRECS.

Sapho, la tendre *Sapho*, montra dans ſes Odes beaucoup de douceur & de fineſſe ; on lui doit l'invention de ce vers ſi coulant qui porte ſon nom. Cette Muſe avoit fait neuf Livres d'Odes. Il ne nous en reſte qu'une qui n'eſt pas même dans ſon entier, mais on y trouve la beauté, le nombre, l'harmonie & les graces infinies que l'antiquité donne à celles que nous avons perduës.

Anacréon, ce Poëte des jeux & des ris, fut le rival de *Sapho* dans la Poéſie érotique. C'eſt le Poëte des cœurs tendres & ſenſibles.

Nous avons beaucoup de traductions de ces deux Poëtes aimables. Mme. *Dacier* en donna une en proſe Dacier.

en 1681., dont les Remarques font autant d'honneur à son érudition, que sa version en fait à son goût. *Longepierre* en publia trois ans après une autre en vers, qui est languissante & quelquefois même dure. Elle ne représente que très-foiblement l'élégance, la douceur & la délicatesse de l'Original. L'Abbé *Regnier Desmarais* & *La Fosse* ont aussi donné *Anacréon* & une partie de *Sapho* en vers françois. Ils l'imitent quelquefois heureusement, mais en général le succès n'a pas répondu à leur intention.

Longepierre. Regnier. La Fosse.

Nous n'avons rien eu de bien parfait en ce genre, que lorsque M. *Poinsinet* de *Sivry* a donné *Anacréon, Sapho & Moschus mis en vers françois*, à Paris 1758. in-12. Les graces des trois Poëtes Grecs respirent dans la traduction françoise.

Sivry.

Pindare, quoique le plus célébre Poëte Lyrique des Grecs, a eu moins de Traducteurs en notre Langue qu'*Anacréon*. C'est que le premier n'a célébré que des Héros, qu'il n'a célébré que des Jeux qui n'ont intéressé que la Grèce, & que le second en chantant l'Amour & le Vin a intéressé les passions de l'humanité, qui à cet égard

fera toujours la même. Nous ne pouvons juger que très-difficilement de la beauté des Odes de *Pindare ;* elles étoient faites pour être chantées sur la Lyre, & toute Poésie qui est faite pour le chant, & qui ne s'y peut plus mettre, a déjà perdu la moitié de son prix. Ainsi ceux qui admirent le plus aujourdhui *Pindare* ne font que les échos des anciens. Quelle pitié donc d'entendre *Juvenel de Carlencas* s'écrier : *Pindare a franchi les liaisons* ordinaires du discours ; *il émeut, il étonne par des cadences nombreuses, qui en augmentent la force. Tantôt il s'éleve d'un vol soutenu ; on le perd de vuë. Tantôt il s'élance par bond ; il marche avec rapidité, & par d'impétueuses saillies il se précipite dans l'immense profondeur de ses idées.* Nous n'avons de *Pindare* que les quatre Livres d'Odes que les Anciens ont appellé les *Livres de la Période* ; il y célébre les victoires remportées aux différens Jeux de la Grèce. Nous n'avons point de traduction complette de ce Poëte. On trouvera quelques-unes de ses Odes mises en françois par l'Abbé *Massieu* Massieu.
& par l'Abbé *Sallier* dans les Mémoires Sallier.
de l'Académie des Belles-Lettres.

Je ne vous parle point des Poëtes Elégiaques Grecs; ce n'eſt pas qu'il n'y en ait eu, mais je n'en connois point de bonnes traductions françoiſes.

POËTES BUCOLIQUES GRECS.

Il n'y en a que trois dont nous ayons quelques Ecrits, *Théocrite*, *Bion* & *Moſchus*. Ces trois Poëtes étoient preſque contemporains, & vivoient plus de 250. ans avant Jeſus-Chriſt. *Théocrite* fut le modèle de *Virgile*. *Fontenelle* dit que ſes Bergers ſont plus ruſtiques qu'agréables; mais il les a peint tels qu'ils étoient alors dans la Sicile où le Poëme Bucolique a pris naiſſance. „ Ce qui nous reſte, ajoute-„ t'il, de *Moſchus* & de *Bion* dans le „ genre paſtoral, me fait extrême-„ ment regretter ce que nous en avons „ perdu. Ils n'ont nulle ruſticité, au „ contraire beaucoup de galanterie & „ d'agrément; des idées neuves & „ tout-à-fait riantes. On les accuſe d'a-„ voir un ſtile un peu trop fleuri, & „ j'en conviendrai bien à l'égard d'un „ petit nombre d'endroits; mais je ne „ ſçais pourquoi les Critiques ont plus „ de penchant à excuſer la groſſiéreté „ de *Théocrite*, que la délicateſſe de

„ *Moschus* & de *Bion* ; il me semble
„ que ce devroit être tout le contraire.
„ N'est-ce point parce que *Virgile* a
„ prévenu tous les esprits à l'avantage
„ de *Théocrite*, en ne faisant qu'à lui
„ seul l'honneur de l'imiter & de le
„ copier.

Ce *Théocrite*, qui déplaisoit tant à *Fontenelle*, a été traduit en françois par *Longepierre*, à Paris, 1688. in-12. & cette version ne réconciliera pas avec l'Original ceux qui n'en jugeront que par elle. Le même Ecrivain nous donna *Bion* & *Moschus* avec aussi peu de succès. On fit des Epigrammes contre lui, & du Copiste on passa aux Originaux. Il y en avoit une qui finissoit ainsi : Longepierre.

On les traduit en ridicule,
Dès qu'on les traduit en françois.

Cela n'est point vrai pourtant, lorsqu'on lit la traduction de *Moschus* que M. *Poinsinet* de *Sivry* a mise à la suite de celle d'*Anacréon* que nous avons citée plus haut avec éloge. Sivry.

§. II.

DES POETES LATINS ANCIENS.

LEs premiers Poëtes Latins s'essayerent dans la Comédie, la Tragédie & la Satyre. On compte entre les principaux *Livius Andronicus*, *Névius* & *Plaute*; mais il n'y a que celui-ci qui mérite l'attention des gens de Lettres.

PLAUTE.

Les Muses Latines furent filles des Muses Grecques. *Plaute* formé sur *Aristophane*, donna dans les bouffonneries, les turlupinades, les jeux de mots de ce Poëte Comique. Ses plaisanteries sont basses & ses vers manquent d'harmonie. Ces deux défauts cependant n'ont point empêché que l'on ne l'ait mis à la tête des Poëtes Comiques Latins. Sa diction est aisée, coulante, naïve. *Plaute* a ce tour original que donne une imagination qui n'est captivée ni par les regles de l'art, ni par celle des mœurs. Ses scenes sont vives, pleines de feu & de mouvement.

On y rencontre par-tout ce vrai comique qui va chercher les ridicules jusques dans les replis du caractère, pour l'exposer ensuite en plein Théatre.

Nous avons vingt Comédies de ce Poëte, dont trois l'*Amphytrion*, le *Rudens* & l'*Epidicus* ont été traduites en françois, *avec des Remarques & un Examen, selon les regles du Théatre, par Anne Le Fevre* (depuis Mme. Dacier) à Paris 1683. trois vol. in-12. Cette version fut très-bien reçuë dans le tems, & on la crut propre à découvrir les finesses de l'Original, ainsi que ses notes peuvent en montrer l'art, en expliquer la conduite & en faciliter l'imitation. Dacier.

Mme. *Dacier* n'ayant enrichi notre Langue que de trois Comédies de *Plaute*, *Limiers*, Ecrivain médiocre, le traduisit en entier en 1719. à Amsterdam en dix volumes in-12. Les gens de bien ne lui ont pas plus su de gré de son travail, que les gens de goût. „ Il ne lui restoit plus, dit-il, „ entre les mains que d'infames mar„ chands d'esclaves, que de courti„ sanes impudiques, que de jeunes „ libertins, que de vieillards débau„ chés & corrompus : „ & ce sont tous Limiers.

ces miférables qu'il a ofé produire en françois. Il eft vrai qu'il avoit promis d'ufer des expreffions les plus enveloppées de notre Langue; mais la gaze dont il a prétendu voiler les obfcénités de *Plaute* eft fi fine & fi tranfparente que le Lecteur n'y perd rien. Quant à fa traduction, elle eft affez peu eftimée, mais un avantage que l'on y trouve, c'eft que *Limiers* y a réuni les trois Comédies traduites par Mme. *Dacier*, fes examens & fes notes & la verfion de la Comédie des Captifs faite par *Cofte*. Il a encore raffemblé dans le dernier volume les fragmens des Comédies de ce Poëte, & les Sentences choifies éparfes dans fes Piéces, & il a fait précéder l'un & l'autre Recueil d'un petit Difcours qui pourroit être & plus penfé & mieux écrit.

Gueudeville

Limiers eut la même année un émule dans *Nicolas Gueudeville*, qui crut fe faire un nom en publiant une nouvelle traduction de *Plaute*. On connoît cet Ecrivain que l'efprit d'indépendance fit fortir d'un Ordre refpectable où il s'étoit lié par des vœux, & qui après avoir fecoué le joug de la Religion Catholique, ne fit prefque plus d'autre ufage de fes foibles talens que pour attaquer aussi vainement que sottement la foi & les bonnes mœurs. Né à Rouën, il entra jeune dans la Congrégation de St. Maur, où il fit profession à l'âge de dix-neuf ans dans l'Abbaye de Jumieges, en 1670. Sa traduction de *Plaute* est fort libre. Il le dit lui-même dans sa Préface. „ Je n'ai, dit-il, pris de gêne „ que par le sens de mon Auteur ; en„ core est-il vrai qu'il y a tels endroits „ où à cause de l'épaisse obscurité du „ texte, je ne sçais pas trop moi-même „ ce que je dis. „ Il a raison, & peutêtre plus qu'il ne le pensoit. C'est Plaute travesti plûtôt que traduit. On y remarque presque à chaque page une affectation ridicule à se servir de termes figurés & nouveaux qu'il croit propres à égayer. En voulant trop faire le plaisant, il donne de très-mauvaises plaisanteries ; & il veut faire rire par des expressions hyperboliques, ne pouvant le faire par les choses.

TÉRENCE.

Ce Comique, heureux imitateur de *Ménandre*, nous offre dans ses Drames le tableau de la vie bourgeoise, tableau où les objets sont choisis avec goût, diſpoſés avec art, & peints avec des graces ſi naïves, que chacun s'y voit comme dans un miroir. Quelle pureté! Quelle douceur! Quelle élégance dans ſa diction! Tout ce que la Langue Latine a de délicateſſe, eſt dans ce Poëte; c'eſt *Cicéron*, c'eſt *Quintilien* qui le diſent. Ses portraits ſont tracés avec la plus exacte vérité; mais comme c'eſt le viſage réel de l'homme, & jamais la charge de ce viſage qu'il montre, il ne fait point éclater le rire. Sa Muſe eſt ſur le Théatre comme la Dame Romaine dont parle *Horace* eſt dans une danſe ſacrée, toujours craignant la cenſure des gens de goût. On lui reproche de n'avoir pas aſſez de force comique; mais il répare ce défaut par tant de qualités, qu'en le liſant on ne s'en apperçoit pas.

Dacier. La même Dame à laquelle nous devons la traduction de trois Comédies de *Plaute*, nous a donné en françois les ſix Comédies qui nous reſtent de *Térence*. Si jamais ce Poëte pouvoit recevoir quelque honneur en paſſant dans une Langue étrangere à la ſienne, il l'a reçu certainement dans cette traduction. Il me ſemble, dit l'Abbé *Goujet*,

Goujet, que tout le monde s'accorde à en louer la pureté, l'élégance, l'exactitude & la fidélité. Lorsqu'elle commença ce travail, elle se levoit à cinq heures du matin pendant un hyver fort rude. Elle traduisit d'abord quatre Comédies; mais quelques mois après, quand elle relut son ouvrage, & qu'elle le compara à son original, elle trouva que sa version sentoit la lampe, à la lueur de laquelle elle avoit été faite, & qu'elle étoit fort éloignée de la naïveté, des graces & de la noble simplicité de son auteur. Affligée du mauvais succès de cet essai, & dégoûtée de son travail, elle jetta au feu ces quatre Comédies, & recommença. Comme elle s'y prit avec plus de modération, elle réussit beaucoup mieux. Sa traduction éclipsa celles qui avoient été données par M. de *Sacy* (*) en 1647., & par *Martignac* en 1670.; versions assez fidéles, mais lâches, foibles & languissantes. On prétend qu'elle sera effacée à son tour par M. l'Abbé *Le Monnier* qui va donner *Térence* en latin & en françois, en 3. vol. *in*-8°.; le *Prospectus* qu'il a publié cette année

Sacy.

Martignac

Le Monnier.

(*) Cet Auteur ne traduisit que trois Comédies; & *Martignac* mit en François les trois autres.

1770., fait très-bien espérer de sa traduction, qui sera accompagnée de notes critiques historiques & grammaticales.

LUCRÉCE.

Lucréce, dans son *Poëme de la nature des choses*, divisé en six Livres, fit choix d'une matiere digne d'un grand Poëte. Il ne pouvoit même en choisir une plus intéressante, (dit M. Racine le fils dans son discours sur les *Poëmes didactiques*) " puisqu'il entreprend, „ non-seulement de développer les se„ crets de la nature, mais d'appren„ dre aux hommes le grand secret de „ se rendre heureux, en les guérissant „ de toutes craintes & de toutes pas„ sions, pour leur procurer une tran„ quillité d'esprit inaltérable. On ne „ lui dispute pas la gloire d'écrire pu„ rement; & d'expliquer avec clarté „ des choses obscures; éloge qu'il se „ donne lui-même. Mais quoiqu'il se „ vante de parcourir les sentiers du „ Parnasse, on ne l'y voit presque ja„ mais. Son prologue est admirable; „ l'exorde de son second Livre est plein „ d'élévation, & c'est par un trans„ port d'enthousiasme, qu'à la fin du

„ troisiéme Livre, il introduit la na-
„ ture qui parle aux hommes, pour
„ leur reprocher la foiblesse qu'ils ont
„ de craindre la mort. Le génie poéti-
„ que avec lequel il étoit né, éclate
„ en ces trois endroits, de même que
„ dans sa description de la peste; mais
„ il est étouffé dans tout le reste, où
„ loin d'y trouver un Poëte qui imite,
„ qui peigne & qui remuë, on entend
„ toujours un Philosophe qui argu-
„ mente & parle du même ton. Cette
„ uniformité si contraire à l'enthou-
„ siasme, rend fatigante la lecture d'un
„ long ouvrage, qui n'a d'autre va-
„ riété que celle des sujets liés ensem-
„ ble par des transitions froides &
„ communes. Quand il prépare son
„ lecteur à l'explication du sommeil,
„ il lui promet peu de vers, mais char-
„ mans, il se compare à un cigne:
„ cependant dans cet endroit même,
„ il est aussi obscur dans son raison-
„ nement que sec & froid dans sa ver-
„ sification, à laquelle il n'a point sçu
„ donner cette harmonie que peu de
„ tems après lui Virgile fit sentir aux
„ oreilles délicates. „

Cette censure est juste à plusieurs égards, mais trop sévere à beaucoup d'autres. " Le Poëme philosophique „ de *Lucréce*, malgré la mauvaise phy„ sique qu'on y reconnoît depuis long„ tems, dit M. de *Querlon*, est sans „ contredit le plus beau monument de „ ce genre que nous ayent laissé les „ anciens. Jusqu'où n'auroient point „ été les hommes capables de traiter „ ainsi de pareilles matieres, si leurs „ Philosophes sécouant le joug des opi„ nions qui dans tous les âges ont sub„ jugué le génie, s'étoient plus occu„ pés du soin d'étendre & de perfec„ tionner leurs propres lumieres, que „ des revêries de leurs prédécesseurs ? „ Peut-on en lisant *Lucréce* n'être pas „ frappé de cette admirable abondan„ ce, de cette richesse d'expression, „ que la stérilité de sa langue, dont il „ se plaint, n'a pu l'empêcher de ré„ pandre, avec tant d'agrément, dans „ son Poëme ? Quelle Poésie que celle „ du quatriéme Livre sur les simula„ cres & les images émanées des „ corps, dont il forme nos sensations ? „ Ces images dessinées & peintes avec „ une netteté singuliére, deviennent „ sous son pinceau visibles & palpa„ bles. Cette curieuse partie du Roman „ physique de *Lucréce* est un chef-d'œu-

„ vre ; nous ne connoissons rien de „ cette force dans aucun ouvrage de „ l'antiquité. „

Plusieurs écrivains se sont exercés sur ce Poëte dans le siécle dernier & dans celui-ci ; mais on ne lit plus depuis long-tems les mauvaises traductions en vers & en prose par l'Abbé de *Marolles*. Celle du Baron de *Coutures*, mieux écrite , mais remplie encore de fautes & de négligences, étoit plus consultée que luë , lorsque M. *Panckoucke* donna en 1768. en deux vol. *in-12*. sa *Traduction libre de Lucréce*. Il a moins considéré ce Poëte comme le maître ou le précurseur de Virgile, que comme un Philosophe profond & sublime, qui déduit avec beaucoup d'art des principes qu'il a établis, l'explication des phénomènes de la nature. C'est donc la partie systématique de son Poëme qu'il a travaillée avec le plus de soin, plus attentif à rendre le sens que les mots, les idées que les phrases. C'est la philosophie d'*Epicure*, telle que *Lucréce* l'a conçuë , qu'il a voulu représenter. Sa traduction est écrite agréablement, nettement, & ne manque ni de clarté, ni d'élégance.

Coutures.

Panckoucke.

La même année que M. *Panckoucke*

fit ce présent au public, on vit paroître une nouvelle traduction de *Lucréce* à Paris en deux volumes *in*-8°. M. *La Grange* (c'est le nom du traducteur) a très-bien entendu toute la philosophie du Poëte latin. Il lui prête même quelquefois un langage un peu plus philosophique qu'il ne l'a dans la naïveté du texte, & ce n'est pas un mal. Mais il seroit assez difficile que les aménités de ce Poëte, attachées, comme elles le sont, à une langue plus expressive que la nôtre, fussent toujours aussi bien renduës que le fond même de ses idées, & l'on pourroit dans cette partie trouver quelques endroits un peu foibles. Cependant nous ne croyons pas, dit M. de *Querlon*, qu'après cette traduction on ait besoin d'autre chose. Elle restera probablement entre les mains du public.

La Grange.

Freron.

M. *Freron* a traduit, il y a plus de vingt ans, le Poëme de *Lucréce*; mais j'ignore pourquoi sa version n'a point paru. On peut juger du soin avec lequel elle est faite, & du style de l'auteur, par la description de la peste, tirée du sixiéme Livre, que l'Abbé des *Fontaines* a insérée dans ses remarques sur le troisiéme Livre des Georgiques de *Virgile*.

CATULLE.

Ce Poëte né à Vérone, a des graces & de la délicatesse. Son imagination riante & agréable répandoit des fleurs sur toutes ses poésies. Nous avons de lui des épigrammes, que l'Abbé de *Marolles* a défigurées dans une version françoise, plate & pesante. *La Chapelle* en donna une plus agréable, qu'il enchassa dans une espêce d'histoire galante de ce Poëte, grossie de quelques anecdotes amoureuses, vrayes ou fausses, de la Cour d'Auguste, & des amis de *Catulle*. Cet ouvrage, qui parut en 1680., est plûtôt un Roman qu'une histoire, c'est un fruit de la jeunesse de l'auteur; mais qu'il n'a pas cru indigne d'être avoué dans un âge plus avancé. (*) Tout ce qui est en prose est assez délicatement tourné; c'est un tissu d'avantures, où l'on s'écarte le moins qu'il est possible, de la vraisemblance, & dont le récit peut plaire à ceux qui aiment des lectures aussi dangereuses que frivoles; mais la versification en est presque toujours fort

La Chapelle.

(*) On trouve cette Histoire romanesque dans le premier des œuvres de *La Chapelle*, Paris *in*-12.

négligée. Il ne faut pas confondre *La Chapelle* & *Chapelle*, auteur d'un voyage fort connu. L'Abbé de *Chaulieu* fit à ce sujet une épigramme satyrique.

Lecteur, sans vouloir t'expliquer
Dans cette édition nouvelle,
Ce qui pourroit t'alambiquer
Entre *Chapelle* & la *Chapelle* :
Lis leurs vers, & dans le moment
Tu verras que celui qui si mauſſadement,
Fit parler *Catulle* & *Lesbie*,
N'est pas cet aimable génie,
Qui fit ce voyage charmant,
Mais quelqu'un de l'Académie.

La *Chapelle* étoit effectivement de cette compagnie ; mais ce n'est pas parce qu'il en étoit, que son ouvrage est mauvais.

PUBLIUS SYRUS.

Si *Catulle* corrompt les mœurs, les sentences de *Publius Syrus* peuvent les former. Ce Poëte connoissoit le cœur humain. Ses maximes, quoique détachées & sans liaison, n'en sont pas moins dignes d'être luës & retenuës. Elles ont de la grandeur, de la solidité & de la délicatesse. C'est l'éloge qu'en fait M. *Accarias* de *Serione* dans la préface de la traduction qu'il en a

Serione.

donnée en 1736. *in-12.* Son ſtyle eſt pur & facile, & ſes notes ſervent à l'intelligence de ſon auteur ſans être trop longues. Il obſerve que la *Bruyere* a répandu dans ſes caractères preſque toutes les ſentences de ce Poëte ; les exemples qu'il en rapporte ſont ſenſibles. Preſque tous les moraliſtes ne font que ſe copier depuis environ deux mille ans.

VIRGILE.

Ce mot reveille toutes les idées de la belle poéſie. *Virgile* né près de Mantouë de parens obſcurs, fut chaſſé de ſa maiſon & d'un petit champ, ſon unique patrimoine, par la diſtribution qu'on fit aux ſoldats vétérans d'*Auguſte*, des terres du Mantouan & du Cremonois. Il vint alors pour la premiére fois à Rome, & par le crédit de *Mécene* & de *Pollion*, illuſtres protecteurs des gens de Lettres, il recouvra ſon champ, & fut mis en poſſeſſion de ſa campagne.

Ce bienfait donna lieu à ſa premiére Eglogue. Ce monument de ſa reconnoiſſance, le fit connoître d'*Auguſte* qui le récompenſa, ainſi que ſon ami *Horace*. Il admit à ſa familiarité

ces deux Poëtes courtisans. Il les combla de distinctions & de richesses ; mais ils lui ont rendu beaucoup au-delà de ses bienfaits. Eux seuls ont épargné à sa mémoire la honte dont elle devoit être couverte. " C'est d'a-
„ près eux, dit un homme d'esprit,
„ qu'on regarde comme le modèle des
„ bons Princes, un homme à qui les
„ crimes les plus atroces n'ont jamais
„ rien coûté. Ils ont vraiment fait il-
„ lusion à la postérité, ainsi que l'a
„ dit un Ecrivain moderne, qui ayant
„ joui comme eux de l'amitié des
„ Grands, n'a pas aussi ouvertement
„ sacrifié la vérité à la reconnoissance.
„ On juge *Auguste* d'après leurs vers
„ admirables qu'on lit tous les jours,
„ & comme ils sont pleins de ses élo-
„ ges, ils font oublier les horreurs de
„ sa vie, conservées par des histoires
„ qu'on lit rarement.

Virgile s'est exercé dans trois genres de poésies : le Pastoral, le Géorgique & l'Héroïque. Malheur à ceux qui ne sentent pas le charme de ses églogues. Quoique le langage de ses bergers ait pour objet ou des amours champêtres ou des choses communes & rustiques, ce langage est toujours élégant, figuré

& poétique. Il est bien éloigné de ce style prosaïque, froid & négligé, que nous confondons mal à propos avec le style simple & naturel qu'exige l'églogue en général. La simplicité du style n'est point incompatible avec la vraie poésie. Celle de Virgile est l'image de la nature; quelle précision! quelle élégance! quel sentiment!

Quelques critiques ont mis au-dessus des églogues de *Virgile* les Idilles de *Théocrite*; mais tout le monde convient que dans les *Georgiques* il a effacé *Hésiode*. Ses préceptes sont presque toujours renfermés dans ses descriptions; ce qui n'est pas de même dans le poëme de *Vanniere*, où il y a, à la vérité, plus d'ordre & de choix que dans les georgiques, mais moins d'un certain art, & encore moins de vraie poésie. C'est sur-tout dans les épisodes, que le poëme des georgiques est admirable. Il ne sera peut-être pas aisé de s'appercevoir dans les traductions, que les georgiques sont les plus parfaits des ouvrages de *Virgile*, comme tous les connoisseurs en conviennent. Mais le mérite principal de ce poëme consiste dans la beauté de versification, que la prose la plus soignée ne peut bien représenter. C'est cette versification enchanteresse qui lui a fait pardonner tant d'erreurs de physique qui passeroient aujourdhui pour le fruit de la plus stupide ignorance. " Quiconque, dit M. de *Voltaire*, croiroit „ connoître la nature en lisant *Lucréce* „ & *Virgile*, meubleroit sa tête d'autant d'erreurs qu'il y en a dans les „ secrets du petit *Albert*, ou dans les „ anciens Almanachs de Liége. D'où „ vient donc que ces poëmes sont si „ estimés ? pourquoi sont-ils lus avec „ tant d'avidité par tous ceux qui savent bien la langue latine ? c'est à „ cause de leurs belles descriptions, „ de leur saine morale, de leurs tableaux admirables de la vie humaine. Le charme de la poésie fait pardonner toutes les erreurs, & l'esprit pénétré de la beauté du style ne „ songe pas seulement si on le trompe.

L'Enéide passe auprès des gens de goût pour le plus parfait des poëmes épiques. Le plan & la conduite en sont admirables, & supposent un Poëte qui avoit autant de jugement que d'imagination. Son travail porte par-tout l'empreinte du génie sublime, de l'esprit juste, & du goût délicat ; & si quelques parties de ce poëme ne frappent pas autant que les autres, c'est qu'il est impossible, & qu'il ne convient pas même dans un long ouvrage que tout soit également beau. Supposé qu'il y eût des défauts, ce ne sont pas au moins des défauts qui viennent du fond vicieux ou de la mauvaise construction de la fable; mais uniquement du tems qui a manqué à l'auteur pour finir son ouvrage. On peut dire même qu'il n'y a rien à retrancher, rien à refondre, il y a seulement à ajouter & à étendre. Sa diction est toujours pure, harmonieuse & coulante. On ne trouve dans *Virgile* ni les excessives hyperboles de *Lucain*, ni les ridicules pointes de l'*Arioste*, ni les antithèses affectées du *Tasse*, ou d'un de nos Poëtes à la mode, ni les métaphores outrées & perpétuelles de *Milton*, ni son emphase orientale qui assomme le lecteur. On n'y trouve point ce style dur & désagréable de nos Poëtes réprouvés, tels que *Chapelain*, *le Moine*, *Scudery*, &c. *Virgile* est vif & expressif dans ses images; son coloris est toujours brillant, mais naturel. Enfin, il écrit en vers, comme *Cicéron* en prose. C'est en le lisant sans cesse qu'on peut se former un goût parfait & se préserver de la contagion du faux esprit qui regne dans tant d'écrits modernes.

Aucun Poëte ancien ne mérite autant d'être traduit que *Virgile*, & aucun ne l'a été autant que lui. Sans parler des anciennes versions, nous en avons eu un grand nombre de nouvelles que j'examinerai en partie d'après l'Abbé des *Fontaines*. Il n'y a personne, dit-il, qui ne convienne que *Marolles* dans sa traduction est ridicule & barbare, & *Martignac* aussi plat qu'ignorant.

Marolles.

Martignac

On sçait qu'une vive & singuliére imagination a dicté la version du Pere *Catrou*, (*) toujours rampante & souvent burlesque, où le sens du texte est à chaque page exposé d'une façon familiére ou bizarre; où l'original est même fort souvent altéré dans son texte placé vis-à-vis de la traduction. Car sans égard aux éditions faites avec soin sur les manuscrits les plus anciens & les plus authentiques, le P. *Catrou* prend souvent la liberté de réformer les expressions de *Virgile*, en citant faussement les manuscrits sur lesquels

(*) à Paris 1716. 6. vol. in-12.

il s'appuye, & quelquefois n'en citant aucun. Souvent, pour trouver dans le texte le sens qu'il imagine, il ajoute des notes & des phrases entiéres dans sa traduction, & supplée quelquefois jusqu'à trois & quatre lignes, qu'il a néanmoins l'attention de mettre d'un caractère différent; comme s'il y avoit des lacunes à remplir dans son original. Il y a de l'esprit & des recherches dans ses notes; mais il y en a un grand nombre qui ne sont guéres judicieuses. La plûpart servent à étayer les sens faux qu'il donne à son auteur; elles sont moins faites pour le Poëte que pour le traducteur.

La traduction du P. *Fabre* (*) est peu capable de former le goût de la jeunesse; elle est lâche & prolixe, & n'est guéres au-dessus de celle de *Martignac*. Fabre

La version faite par l'Abbé de *St. Remi* & réimprimée en 1746. en 4. vol. *in-12*. est la meilleure qui ait été encore faite de ce Poëte, au moins pour la lettre; car quelques critiques prétendent que le traducteur est trop froid, & que quelquefois il noye dans de longues phrases entortillées la poésie de *Virgile*. St Remi.

(*) A Lyon 1721. 4. vol. *in-12*.

Des-fontaines. L'Abbé des *Fontaines* qui avoit plus de goût que l'Abbé de *St. Remi*, a mis plus de feu dans sa traduction de *Virgile*. " En réunissant tout ce que les „ critiques en ont dit, je vois, dit „ l'Abbé *Goujet*, que presque tous con- „ viennent qu'en général elle est écrite „ avec pureté; qu'il y a communé- „ ment de la force dans le style, de „ l'énergie dans les expressions, du „ naturel dans le tour; que la traduc- „ tion de l'Enéide en particulier se fait „ lire avec cette satisfaction que l'on „ ressent dans la lecture d'un beau „ poëme. Mais je vois en même tems, „ que les mêmes critiques ont trouvé „ que le traducteur ne rend quelque- „ fois que la moitié de la pensée de „ son Auteur, qu'une partie de ce qui „ forme dans l'original une idée com- „ plette; que sa traduction n'est point „ exempte de contre-sens ou de sens „ étrangers, ni même d'expressions „ louches, & qu'il s'y trouve en plus „ d'un endroit des omissions essentiel- „ les. Ils ont encore démontré, qu'en „ s'écartant des sens du P. *Catrou* & „ de l'Abbé de *St. Remi*, & en aban- „ donnant l'autorité du P. de la *Ruë*, „ le moderne traducteur est tombé dans

„ des fautes que ceux-ci avoient sçu „ éviter ; qu'ainsi il n'a pas toujours „ raison, lorsqu'il déprime les autres „ traducteurs & commentateurs qui „ l'ont précédé. „

Si des traductions en prose nous passons à celles en vers, nous trouverons que nous ne sommes pas peut-être plus riches ; car il faut l'avouer, malgré le mérite de la plûpart des versions citées, nous n'avons encore que de froides copies de *Virgile*. Je n'en excepte pas la traduction en vers de son *Enéide* par *Segrais*. (*) La *Monnoye* a beau lui dire dans une épigramme connuë :

Quand *Segrais* affranchi des terrestres liens,
Descendit plein de gloire aux champs élisiens,
Virgile en beau françois lui fit une harangue :
Et comme à ce discours *Segrais* parut surpris,
Si je sçais, lui dit-il, le fin de votre langue,
C'est vous qui me l'avez appris.

Cet éloge est ingénieux ; mais il n'est pas aussi vrai. Le style de *Segrais* a un peu vieilli. Sa versification sent d'ailleurs un homme accablé du poids de son entreprise, & qui paroît ne son- Segrais.

(*) A Paris, chez Barbin, 1681. *in*-4°.

ger qu'à s'en délivrer promptement. Enfin *Segrais* a violé une des regles essentielles à un bon traducteur des anciens Poëtes ; c'est de ne pas s'éloigner du sens de son original, même lorsque la versification peut en souffrir.

Segrais avoit aussi traduit les *Georgiques*, & cet ouvrage posthume parut en 1712. *in-8°.* ; mais notre Parnasse se glorifie peu d'un pareil ouvrage. On préfére généralement la traduction que

De Lille. M. l'Abbé de *Lille* nous a donnée en 1770. *in-8°.* Elle n'est ni au-dessus, ni à niveau de l'original ; car qui pourroit le surpasser, ou même l'égaler ? Mais elle est digne de lui par la variété & par la richesse des expressions, par le choix heureux des termes, par les graces de la diction qui n'ôtent rien à la fidélité que doit se prescrire tout traducteur. Enfin c'est une belle copie d'un beau tableau.

Les Eglogues du Poëte latin ont aussi paru en vers françois avec moins de charmes ; mais plusieurs morceaux ont été rendus avec succès. Je ne parle point des versions foibles & languissan-

Richer. tes de *Richer* (*) & de l'Abbé de la

(*) En 1717. à Rouen, *in-12.*

Roche. (*) Le ton de *Virgile* est simple, mais aisé & élégant. Celui de ses traducteurs n'est guéres que simple & prosaïque. La Roche

Vous lirez avec plus de plaisir la traduction des Bucoliques par M. *Gresset*, plusieurs fois réimprimée avec ses poësies ; mais il faut que vous la considériez moins comme une version exacte, que comme une imitation hardie des Eglogues de *Virgile*. Selon l'auteur, l'exactitude classique & littérale, ne sert qu'à rabaisser l'essor poétique. Il a donc voulu en sécouer le joug ; intimidé, dit-il, & averti par le peu de succès de quelques traducteurs de différens Poëtes ; traducteurs craintifs & scrupuleux, qui n'ont eu d'autre mérite dans leur travail que celui de prouver au public qu'ils savent expliquer mot pour mot leur auteur. Pour lui, peu touché de ce mérite de *Pédant* & d'*Ecolier*, il a cru devoir se mettre au large, & conserver le fond des choses sans s'enchaîner aux termes. Enfin il a étendu ou resserré les pensées du Poëte, suivant le besoin des transitions, & les contraintes de la rime. Gresset.

(*) Dans ses œuvres mêlées, Paris, 1738, in-12.

Scarron. *Scarron*, le pere de notre poésie burlesque, s'est donné encore plus de liberté, pour ne pas dire de licence, en travestissant l'*Enéide*. Il nous en a donné les six premiers Livres en vers burlesques. Quelques hommes d'un goût bizarre trouvent cette momerie fort plaisante. Des gens d'esprit même, *Racine*, par exemple, s'en sont quelquefois amusés. Il est vrai que sa gaieté surprend d'autant plus, qu'il étoit accablé d'infirmités & de douleurs; mais elle ne se soutient pas toujours. Plat & insipide en cent endroits, il est trop rempli de ses bouffonneries triviales, qui sont le poison de la véritable plaisanterie. Ce qu'il y a de moins excusable, c'est l'obscénité. Elle s'y montre à découvert en plus d'un endroit; & l'on ne peut prendre à cette lecture un plaisir innocent. Quelque peu scrupuleux que fût *Scarron*, il semble convenir lui même qu'il avoit un peu de honte de son ouvrage : c'est dans l'endroit où en parlant de champs de deuil, il dit :

Tout auprès, de pauvres Poëtes
Qui rarement ont des manchettes,
Y récitent de mauvais vers.
On les regarde de travers,

Et personne ne les écoute,
Ce qui les fâche fort sans doute ;
En la noire habitation
Il en est plus d'un million ;
Comme à Paris chose certaine,
Chaque ruë en a la centaine
De ceux qu'on appelle plaisans,
Rimeurs burlesques soi-disans,
Du nombre desquels on me compte ;
Dont j'ai souvent un peu de honte.

Mais, peut-être, n'est-ce là que le discours d'un Poëte qui se répent aisément en vers des fautes qu'il commet toujours, & qu'il seroit fâché de ne point commettre. L'Enéide de *Scarron* trouva de continuateurs aussi indécens que lui, mais moins enjoués & plus propres à faire rire la vile populace, qu'à amuser les honnêtes gens.

HORACE.

Ce tendre ami de *Virgile*, l'est aussi de tous les lecteurs d'un goût délicat. Les autres chefs-d'œuvre de l'antiquité, peu lus par le commun des lecteurs, se sentent un peu du chagrin qu'on a eu en les apprenant par cœur. La jeunesse dégoûtée par de pénibles essais, revient plus rarement à *Cicéron*

& à *Virgile*. *Horace* est privilégié ; on l'a lu au Collège, & on le lit dans le monde. Une distinction si avantageuse pour le Poëte latin, vient sans doute de la variété du choix des sujets qu'il a traités. Elle vient encore plus de ce qu'il a donné à tant de sujets différens la beauté propre à chacun. Sublime sans emphase dans la plûpart de ses Odes, délicat dans celles qui ne demandent pas d'élévation, tendre quand il se plaint, véhément quand il censure, judicieux quand il louë, sage lors même qu'il s'emporte, il pense toujours finement, & son expression, par-tout ingénieuse, égale presque toujours la finesse de ses pensées.

Horace, le seul des Latins qui ait parfaitement réussi dans l'Ode, s'étoit nourri de la lecture de tous les Lyriques grecs. Il chante, à l'exemple de *Pindare*, les Dieux, les Héros & les Combats ; il badine avec *Anacréon*, ou emprunte de la lyre de *Sapho*, des sons tendres & touchans pour célébrer les charmes de *Glycere* & les douceurs de la vie champêtre.

Exempt dans ses satyres du fiel amer de *Juvenal*, jamais il ne pince sans rire, & sa critique est accompagnée d'un badinage si ingénieux, qu'elle plaît même à ceux qui en sont l'objet. Ses satyres, ainsi que ses épîtres, sont écrites dans une espèce de prose cadencée & dépouillée de tout l'éclat de l'harmonie poétique. Mais quelle élégance, quelle urbanité dans le style ! Quel enjouement dans les pensées ! Quelle finesse dans les expressions ! Quelle philosophie dans ses maximes de morale. Resserrées dans de vers énergiques, elles se gravent profondément dans la mémoire de quiconque a assez d'esprit pour en connoître tout le mérite.

Son *Art Poétique* retrace les regles essentielles de la poésie ; c'est une école de goût pour le Poëte & même pour l'Orateur ; une Rhétorique écrite avec chaleur & avec agrément. Dans tous ses écrits il inspire à ses lecteurs le goût du beau, du simple & du naturel ; dans son Art Poétique, il donne des leçons pour avoir ce goût.

Plus de vingt Ecrivains ont traduit ou travesti *Horace*. Le premier qui mérita quelque attention en ce genre fut *Dacier*. Sa traduction imprimée à Paris depuis 1681. jusqu'en 1689. en 10. vol. *in*-12., est fidéle à la vérité dans Dacier.

le texte, savante & instructive dans les notes; mais elle manque de grace. Elle n'a nulle imagination dans l'expression, & l'on y cherche en vain ce nombre & cette harmonie que la prose comporte & qui est au moins une foible image de celle qui a tant de charme dans la poésie. Si *Horace* dit à sa maîtresse, *miseri quibus intentata nites:* Dacier dit, *malheureux ceux qui se laissent attirer par cette bonnace, sans vous connoitre.* Il traduit : *Nunc est bibendum, nunc pede libero pulsanda tellus :* " C'est à présent qu'il faut boire, „ & que sans rien craindre il faut dan„ ser de toute sa force : „ *Mox juniores quærit adulteros :* " Elles ne sont „ pas plûtôt mariées qu'elles cherchent „ de nouveaux galans. „ Mais quoiqu'il défigure *Horace*, & que ses notes soient d'un savant peu spirituel, son Livre est plein de recherches utiles, & on louë son travail en voyant son peu de génie.

Tarteron. Le Pere *Tarteron*, autre traducteur d'*Horace*, avoit plus d'esprit & sa version (*) fut d'abord comblée d'éloges. Selon les uns, l'on pouvoit dire qu'*Ho-*

(*) Elle a été plusieurs fois imprimée en 2 vol. *in*-12.

race

race entre ſes mains n'a rien perdu de ſa beauté, ni de l'élévation de ſes penſées ; que la proſe n'ôte rien à la poéſie : & qu'*Horace* devenu françois ne ſeroit point méconnu des courtiſans d'*Auguſte*. Selon d'autres, rien n'étoit plus net, plus naturel, plus poli. C'étoit une copie qu'on pouvoit admirer, après même qu'on avoit ſenti les beautés de l'Original. Ce qui doit reſter de ces louanges exceſſives, c'eſt que " le traducteur, dit l'Abbé *Goujet*, prend en gros les idées de ſon » auteur, & les rend en des termes » qu'on lit toujours avec plaiſir, mais » qui, comme il en convient lui-même, ſont détachés & indépendans » des phraſes & des façons de parler » d'*Horace*. »

La traduction du P. *Sanadon*, (*) confrere du Pere *Tarteron*, a encore beaucoup de réputation ; mais il eſt quelquefois plus paraphraſte que traducteur. A la Poéſie lyrique d'*Horace*, qui eſt ſi ſerrée & ſi énergique, il ſubſtitue ordinairement une proſe poé- Sanadon.

(*) Elle parut en 1728. en 2. vol. *in-4°.* ſous le titre de *Poéſies d'Horace, diſpoſées ſuivant l'ordre chronologique, avec des Remarques & des Diſſertations.*

tique, où il y a du feu & de l'élévation, mais diffuse & allongée. Le même défaut ne se fait pas sentir dans les Satyres & les Epîtres. Peut-être que notre langue n'a pu lui fournir des tours assez vifs, ou que livré à l'enthousiasme poétique, il n'a pas pris soin de régler l'activité de son imagination. Du reste, il y a de l'esprit, du goût & de la délicatesse dans sa traduction & dans ses notes. Mais plusieurs Savans ont blâmé la liberté qu'il a prise de faire des changemens considérables dans l'ordre & dans la structure même des Odes. De toutes les piéces du Poëte, il n'en a laissé que trois dans leur ancienne situation. Partout il met de nouveaux titres & de nouveaux argumens. Il partage quelquefois une piéce en deux, & quelquefois de deux il n'en fait qu'une. Ici il enleve au Poëte plusieurs vers qui avoient paru sous son nom. Il change la disttribution à laquelle on avoit été accoutumé jusqu'à lui. Ces arrangemens ou plûtôt ces dérangemens n'ont pas plu à tout le monde. Il y en a pourtant qui servent à mieux faire entendre *Horace*.

Ce Poëte, si digne d'être traduit, l'a

été encore de nos jours par M. l'Abbé *Batteux*. Sa version, publiée en 2. vol. *in*-12., est écrite avec moins de légéreté que celle du P. *Tarteron*; mais elle est plus exacte & plus fidéle. On souhaiteroit seulement que les graces naïves & délicates de l'Original fussent plus animées dans la copie. Batteux.

Plusieurs pensent qu'on ne devroit traduire les ouvrages en vers qu'en vers; mais il n'y a qu'un grand Poëte qui soit capable d'un tel travail, & ce grand Poëte n'est pas facile à trouver. Le partage d'*Horace* a été de n'avoir presque que des traducteurs médiocres. L'Abbé *Pellegrin* publia en 1715. en deux vol. *in*-12. ses Odes traduites en vers françois, avec le texte à côté de la traduction; mais cette version est moins connue que l'épigramme de la *Monnoye*. Pellegrin.

Il faudroit, soit dit entre nous,
A deux divinités offrir ces deux *Horaces*,
Le latin à Venus la Déesse des graces,
Et le françois à son époux.

On trouve plusieurs autres morceaux d'*Horace* épars çà & là. On en a fait un recueil en 1752. cinq vol. *in*-12. sous le titre de *Poésies d'Horace en vers françois, avec le texte latin & des extraits des auteurs qui ont travaillé sur cet Auteur*. Quelques-uns de ces essais font voir qu'avec du tems, de la peine & du génie, on peut parvenir parmi nous à traduire heureusement les Poëtes en vers. Mais en général, la plûpart des traducteurs gâtent leur original, ou par une fausse ambition de le surpasser, qui les rend infidéles, ou par une plate exactitude, qui les rend plus infidéles encore. On dit que Mme. de *Sevigné* les comparoit à des domestiques, qui vont faire un message de la part de leur maître, & qui disent souvent le contraire de ce qu'on leur a ordonné. A Dieu ne plaise que j'applique cette comparaison à M. *Vaniere* & à M. de *Regagnac* qui ont traduit en vers le premier Livre des Odes d'*Horace*, l'un en 1761. *in*-8°. & l'autre en 1752. *in*-12. Le public a applaudi à leurs efforts. C'est tout ce qu'on peut dire d'un travail aussi difficile.

Nous avons encore une traduction séparée des Odes d'*Horace*, ouvrage posthume de l'Abbé des *Fontaines*, imprimée en 1754. *in*-12. Elle passe pour exacte & fidéle. *Horace* est concis ; il dit beaucoup de choses en peu de mots

Des Fontaines

& son traducteur a quelquefois ce mérite ; d'autres fois, mais plus rarement, il est allongé & prosaïque.

OVIDE.

Si *Horace* est difficile à traduire, *Ovide*, quoique plus clair & plus abondant, ne l'est pas moins. Qui peut se flatter de rendre jamais en notre langue cette facilité, cette finesse, ces tours si variés, si vifs ; ces traits piquans, ce coloris, enfin toute cette expression abondante, serrée, badine, éloquente ; tantôt pleine & tantôt légere, qui forme le caractère unique & singulier de cet heureux génie ? Tous les sujets qu'il traitoit quelque stériles, quelque bizarres même qu'ils fussent, devenoient riches, gracieux & fleuris entre ses mains. Mais comme il avoit infiniment de l'esprit, il en mettoit par-tout jusqu'à l'excès. Se plaignoit-il de ses malheurs ? Il songeoit bien plus à être ingénieux qu'à s'attirer de la compassion. Ecrivoit-il des Lettres amoureuses ? C'étoient pensées sur pensées, de l'esprit à chaque mot, par conséquent peu de sentiment & de passion. Un autre défaut, c'est qu'il aime à s'égayer jusques dans les sujets les plus graves & les plus sérieux. Bien différent de ce Peintre admirable dont *Pline* fait mention, qui donnoit toujours plus de choses à penser aux spectateurs qu'il n'en exprimoit, *Ovide* ne laisse rien à déviner. Il exprime toujours plus qu'il ne peint. Il offre une idée sous toutes les images dont elle est susceptible, & ne la quitte qu'après avoir épuisé celles qui peuvent la représenter. Cette abondance excessive est comme le fond de son caractère; & les exemples en sont si fréquens dans ses Elégies sur-tout, qu'elle n'a pas besoin d'être prouvée. Il semble avoir ignoré qu'un ouvrage n'est jamais plus parfait, que quand on ne peut rien y retrancher, sans en altérer la perfection.

De toutes les productions de ce Poëte les Métamorphoses sont la plus justement célébre. Nous en avons sept ou huit traductions françoises en vers ou en prose; mais on ne lit plus guéres aujourdhui que celle de l'Abbé *Bannier*, & quelquefois la traduction Corneille. en vers de *Thomas Corneille*, à Paris 1697. 3. vol. *in*-12. qui sûrement n'est pas sans mérite. Toutes les autres, & Du Ryer. l'on y comprend celles de *Du Ryer* & de l'Abbé de *Bellegarde*, sont totalement oubliées ou dignes de l'être. On peut donc ſuppoſer qu'il n'exiſtoit, à l'uſage des gens du monde, qu'une traduction des Métamorphoſes, celle de l'Abbé *Bannier*: à Amſterdam 1732. *in-fol.* avec les figures de *Picart*; verſion bien écrite, & enrichie de ſavantes notes, mais non exempte de tout reproche. Quelques critiques ont trouvé qu'il y avoit des endroits glacés, dans le françois, qui dans le latin, ſont d'une grande vivacité; & que dans d'autres, l'exactitude à rendre le ſens de l'O iginal, étoit quelquefois manquée. On reconnut bien tous les avantages qu'une étude aſſidue des Poëtes & de l'ancienne Mithologie, devoit donner à l'Abbé *Bannier* ſur les autres interprêtes d'*Ovide*; mais on s'apperçut que, trop plein de ſes connoiſſances mithologiques, il ſacrifie aſſez ſouvent au ſens moral ou hiſtorique, le ſens phyſique ou littéral. D'ailleurs dans ſa traduction, ainſi que dans toutes les autres, les Fables ſont diviſées entr'elles, & comme détachées du fond de l'ouvrage; ce qui détruit l'unité du Poëme ou en fait perdre le fil. Bannier.

M. *Fontanelle*, auteur d'une *nouvelle* Fontanelle.

traduction des Métamorphoses d'Ovide, à Paris 1767. deux vol. *in*-8°. a évité cet inconvénient. Son objet a été 1°. de rendre le Poëte latin avec la fidélité la plus scrupuleuse, sans couvrir ni déguiser ses défauts, & sans lui faire rien perdre, autant que pourroit le permettre le caractère de notre langue, de sa force & de ses agrémens. 2°. De présenter l'ensemble du Poëme, d'en faire sentir l'économie, la liaison & l'unité. Ce double objet a paru très-bien rempli. La traduction, dont j'ai conféré beaucoup d'endroits avec le texte, est exacte, littérale, précise, poétique, & n'en est que plus agréable, sans être moins pure.

Les *Heroïdes* d'Ovide ont eu, ainsi que les Métamorphoses, plus d'un traducteur. *Renouard*, *Meziriac*, *Martignac*, l'Abbé de *Bellegarde*, Mdlle. *L'heritier*, &c. ont tenté de rendre en vers ou en prose le sens ou les expressions, l'esprit ou la lettre, & souvent les ont manqués l'un & l'autre. En effet, à l'exception de *Meziriac*, dont la version poétique, indépendamment de l'érudition prodiguée dans son ample commentaire, n'est certainement pas méprisable, quelle idée tous ces traducteurs donnent-ils d'*Ovide* ? Il seroit ignoré, s'il n'étoit connu que par eux. Pour avoir donc une foible idée de ses Héroïdes, il faut lire la nouvelle traduction publiée à Paris chez du Chêne 1763. *in* 8°. Cette version est bien supérieure pour le style & pour l'exactitude à toutes celles que nous avons citées; mais quand on la rapprochera du texte de notre Poëte, qu'on le trouvera peu reconnoissable, l'auteur n'a pas mis la chaleur qu'un ame sensible, avec une imagination un peu vive, y auroit versée. Mais on peut s'en servir pour bien connoître l'historique, & à-peu-près toute la substance des Héroïdes.

Les *Fastes* d'*Ovide* ne sont autre chose que le calendrier des Romains mis en vers. Ce sujet étoit fort sec, mais le Poëte doué de l'imagination la plus heureuse, trouva le moyen de répandre des fleurs sur toute la route qu'il vouloit parcourir. Il rapporte les causes historiques ou fabuleuses de toutes les fêtes ou féries de chaque mois, le lever, & le coucher de chaque constellation, d'une maniere à faire regretter la perte des six derniers Livres qu'il avoit, dit-on, composés.

pour faire l'année complette. L'Abbé de *Marolles*, le *Scudery* des traducteurs, en donna une mauvaise version en 1660. L'ouvrage reste encore à faire; en attendant qu'on l'exécute, on peut lire le *Recueil des Fables choisies extraites des Fastes d'*Ovide, *traduites en françois, le latin à côté avec des notes sur chaque Fable, par le Pere de Kervillars, Jésuite*. Cet échantillon bien accueilli est un garant qu'une version entiere de l'ouvrage d'*Ovide* n'auroit pas manqué d'être bien reçue.

Les Elégies que ce Poëte composa pendant son exil ont été mieux traduites que les *Fastes*. Mais ces Elégies ne sont pas celles de ses productions où l'on trouve le plus d'élévation & d'agrément. Ce sont toujours des plaintes, dictées par la lâcheté & mêlées de flatteries qui prouvent une ame basse & sans énergie. Cet ouvrage d'*Ovide* a été traduit en françois par le Pere de Kervillars *Kervillars* à Paris 1723. & 1726. en deux vol. *in*-12. L'auteur dit qu'*il a poussé l'ambition jusqu'à ôter à son ouvrage l'air de traduction, pour lui donner celui d'un ouvrage de premiere main*. Je ne crois pas que l'on puisse blâmer cette ambition. Mais on a trouvé que pour la satisfaire, il en coûtoit quelquefois à la fidélité de l'interprétation; & qu'il y a plusieurs endroits où le sens du Poëte est manqué. A l'égard du style, à quelques affectations près, il est varié & élégant. Mais *Ovide* qui ennuye par ses répétitions, n'a presque rien perdu de son tour asiatique; & le traducteur paroît trop souvent le paraphraste de son Auteur.

L'*Art d'aimer*, la source, à ce qu'on prétend, des malheurs d'*Ovide*, n'a pas trouvé de traducteur digne des charmes de ce Poëme; & ce n'est pas un malheur, l'ouvrage pouvant être très-dangereux pour les mœurs.

Il est étrange que nous n'ayons point de bonne traduction complette de tous les ouvrages d'*Ovide*, il n'y a que celle de *Martignac* qui soit supportable; & il faut bien s'en contenter toute foible qu'elle est. Elle parut à Lyon en neuf volumes *in*-12. 1697. Le premier volume contient les Héroïdes; le second, les trois Livres des Amours, & la consolation à l'Impératrice Livie; le troisiéme, l'Art d'aimer, le remède d'amour, l'Art d'embellir le visage, l'Elégie du Noyer; le quatriéme, cinquiéme & sixiéme, les quinze Livres Martignac.

des Métamorphoses, avec l'abrégé de cet ouvrage, en latin par *Guillaume Canterus*, & en françois par *Martignac*; le septiéme, les six Livres des Fastes; le huitiéme, les cinq Livres des Tristes; le neuviéme, les Epîtres écrites du Pont & le Poëme contre Ibis.

Croiroit-on que dans le tems de la fureur du burlesque, *Ovide* fut habillé de ces guenilles du mauvais goût.
d'Assouci. D'*Assouci* publia en 1650. *Ovide en belle humeur enrichi de toutes ses figures burlesques.* Cette ridicule platitude plut dans le tems. C'est ce qui fit dire à *Boileau*:

> Le plus mauvais plaisant eut ses approbateurs,
> Et jusqu'à d'*Assouci* tout trouva des lecteurs.

Ce trait piqua vivement notre Poëte burlesque; & voici de quelle maniere il s'en plaint dans la rélation de ses aventures qu'il publia lui-même d'un style très-bouffon: " Ah! cher lecteur, " si tu sçavois comment ce *tout trouva* " me tient au cœur, tu plaindrois ma " destinée; j'en suis inconsolable & je " ne puis revenir de ma pamoison, " principalement quand je pense qu'au " préjudice de mes titres, dans ce vers " qui me tient lieu d'un Arrêt de la

„ Cour du Parlement, je me vois dé„ chu de tous mes honneurs, & que „ ce *Charles d'Assouci*, d'Empereur du „ burlesque qu'il étoit, premier de ce „ nom, n'est aujourdhui, si on le veut „ croire, que le dernier reptile du „ Parnasse, & le marmiton des Muses. „ Que faire, lecteur, en cette extrê„ mité, après l'excommunication qu'il „ a jettée sur ce pauvre Burlesque dis„ gracié ? Qui daignera le lire, ni seu„ lement le regarder dans le monde, „ sous peine de sa malédiction. „

Je ne sçais pas si l'on ne doit pas mettre aussi au rang des traductions burlesques les Métamorphoses d'*Ovide*, mises en rondeau par le doucereux *Benserade* ? Tous les gens de goût en ont dit du mal. On ne s'est accordé qu'à louer la beauté de l'édition, & l'élégance des figures gravées aux dépens du Roi. C'est ce qui donna lieu au joli Rondeau attribué à *Chapelle*, qui finit par ces vers : Benserade.

Mais quant à moi, j'en trouve tout fort beau,
Papier, dorure, images, caractère,
Hormis les vers qu'il falloit laisser faire
A la Fontaine.

TIBULLE ET PROPERCE.

Ce sont deux Poëtes élégiaques. *Tibulle* est tendre & naturel, passionné, délicat, noble sans faste, simple sans bassesse, élégant sans affectation. Il sent tout ce qu'il dit, & le dit toujours de la maniere dont il faut le dire. Il a les bonnes qualités de *Properce* & d'*Ovide* & n'en a point les défauts.

On remarque plus de travail dans les Elégies de *Properce*, & l'art s'y fait trop appercevoir, " non, dit l'Abbé „ *Souchei*, que les choses qu'il exprime „ s'éloignent toujours de la vérité; „ mais ce qu'elles pouvoient avoir de „ naturel, il le gâte par les traits his„ toriques ou fabuleux, qu'il y mêle „ continuellement.

Marolles L'infatigable Abbé de *Marolles* a encore traduit *Tibulle*, & quel auteur n'a-t'il pas mis en françois? Il se fâche dans sa préface contre le métier de traducteur qu'il avoit fait presque toute sa vie, le regardant comme peu honorable, parce qu'il l'avoit peu honoré. On fait plus de cas des *Amours de Tibulle, par Jean de la* Chapelle *de l'Académie Françoise où se trouve la traduction des Elégies de ce Poëte en vers françois*, à Paris 1712. 3. vol. *in*-12. Cette version est pourtant bien foible; c'est plûtôt une imitation qu'une traduction. Il a changé, ajouté & retranché, selon qu'il l'a cru convenable à son dessein. Il s'est servi tantôt de grands vers, tantôt de petits vers libres & mêlés de toutes sortes de mesures. Il a voulu seulement donner une idée de *Tibulle*, & non pas *Tibulle* même. Ses vers sont aisés; mais il y en a beaucoup qui ne différent de la prose que par la rime, sur-tout ceux qu'il appelle vers libres.

Le goût romanesque qui regne dans l'ouvrage de la *Chapelle* caractérise aussi, à peu de chose près, la *vie de Tibulle tirée de ses écrits*, publiée à Paris 1743. en deux vol. *in*-12. C'est le fruit du commerce de M. *Gillet de Moyvre*, Avocat, avec les Muses. On y trouve toutes les poésies de *Tibulle*, traduites en vers françois. L'auteur dit qu'il s'est permis de supprimer, de transposer, de changer quelques vers, même d'augmenter, enfin d'ajouter à la pensée de *Tibulle*. Et il faut avouer qu'il a si souvent usé de ces privilèges, qu'il n'est pas toujours facile de reconnoître le Poëte dans le traducteur.

Moyvre.

Le même Auteur, après nous avoir donné la vie de *Tibulle*, publia celle de *Properce*. C'eſt encore un ouvrage de ſa jeuneſſe, pour lequel il lui revint, dans un âge mûr, un retour de complaiſance, qui l'engagea à le reproduire au grand jour en 1746. On y trouve, comme dans ſon hiſtoire de *Tibulle*, la traduction, ou l'imitation en vers françois, d'une partie des poéſies de *Properce*. Et comme c'eſt le même goût qui regne dans ces deux ouvrages, vous pouvez appliquer au ſecond le jugement que j'ai porté du premier. M. de *Moyvre* a pris tout le fond de l'hiſtoire de *Properce* dans l'hiſtoire même : mais il a cru que *Properce*, *Ovide* & *Virgile*, vivant dans le même tems, il pouvoit ſuppoſer que ces trois fameux Poëtes ſe conſultoient mutuellement, & qu'ils étoient très-unis. Cette ſuppoſition avec pluſieurs épiſodes, ont fourni quelques ornemens. L'hiſtoire perdroit beaucoup de ſes avantages, ſi tous ceux qui ſe mêlent de l'écrire, ſe permettoient de pareilles libertés.

PHÉDRE.

A l'esprit des Romains sa plume a retracé
Les utiles leçons d'un esclave sensé ;
De ses termes choisis l'élégante justesse
Sert chez lui de grandeur, de tour & de finesse;
Sans tirer de l'esprit un éclat emprunté,
Le vrai plaît en ses vers par sa simplicité.

C'est ce que dit *Van-Effen* de *Phédre*, affranchi d'*Auguste*, qui publia cinq Livres de Fables, imitées d'*Esope* & pleines d'élégance, de naturel & de vérité. Les maximes saines qu'il offre dans tous ses Apologues, lui méritent une place parmi les sages qui ont prêché la morale & la vertu, & qui ont donné la parole aux animaux pour instruire les hommes.

Plusieurs Ecrivains ont mis les fables de *Phedre* en françois. M. de *Sacy* publia, sous le nom de St. *Aubin*, sa traduction en 1646. ; & l'on dit de cette version que *Phedre ne se fût pas exprimé autrement, s'il avoit écrit en prose françoise*. Cet éloge est outré & nous avons de meilleures traductions, sans compter celle de l'Abbé *Prévot* qui n'est qu'une copie de celle de M. de *Sacy* ; sans parler de celle que le P. Sacy. Prévot.

Fabre *Fabre* de l'Oratoire publia en 1728. ; M. l'Abbé *Lallemand* nous a donné les *Fables de Phedre en latin & en françois, avec des remarques* 1758. *in-12.* Cette traduction claire & exacte, est d'une simplicité convenable à l'original. Ses notes peuvent être utiles aux commençans, & il n'a eu qu'eux en vue.

Lallemand.

Nous avons aussi une traduction en vers françois par M. *Denise* de l'ouvrage de *Phedre*. Elle fut publiée en 1708. *in-12.* La versification est plus aisée qu'élégante ; mais l'auteur a sçu assez bien conserver le tour simple de l'original latin.

Denise.

PERSE.

Ce Poëte satyrique est remarquable pour la morale pure & le grand fond de raison, qui distinguent ses satyres. On lui a reproché d'être obscur ; mais il avoit peut-être de grands motifs pour ne pas être plus clair. *Boileau* a dit de lui :

Perse en ses vers obscurs, mais serrés & pressans
Affecta d'enfermer moins de mots que de sens.

Ce Poëte a été traduit en vers & en prose. Le *Noble* en fit une imitation en vers françois, *accommodée au goût présent* en 1704. *in*-12. Le soin qu'il prit d'habiller à la françoise le Poëte Romain, fait quelquefois un effet assez singulier. On se trouve un peu surpris, & *Perse* le seroit peut-être plus qu'un autre, de voir, par exemple, dans ses satyres, l'éloge du grand *Bossuet*, Evêque de Meaux. Je crois d'ailleurs que peu de personnes auront approuvé la liberté que M. le *Noble* a prise dans cette traduction. Sous prétexte de faire parler le satyrique latin en vers françois, il verse sa bile sur les Poëtes ses contemporains. On ne veut voir que le satyrique du regne de *Neron*, & l'on ne doit point lui faire violence jusqu'à mettre sur son compte ses caprices & ses haines personnelles.

Les traductions de *Perse* en prose sont en plus grand nombre que celles en vers. L'insipide *Marolles*, la *Valterie*, Ecrivain foible, monotone & prosaïque; *Martignac*, auteur de la même trempe, l'avoient traduit avant le Pere *Tarteron*, qui publia sa version en 1689. *in*-12. Ce Jésuite a mieux aimé s'accommoder au goût du siécle, que de représenter le Poëte absolument tel qu'il est. Mais sans lui ôter que peu

Marolles. Valterie. Martignac. Tarteron.

de chose de ses pensées, il a assez heureusement exprimé son génie, son goût, son caractère ; le style du traducteur est aisé, vif, élégant, & fort naturel. Il ne se ressent nullement ni du pays latin, ni de la langue latine. Mais on l'a trouvé trop familier dans cette longue Epître préliminaire où il trace les portraits des trois Satyriques latins. *Juvenal* y a paru d'ailleurs un peu trop maltraité & *Perse* trop flatté, quoique du reste cette Epître soit pleine de réfléxions solides & ingénieuses.

§. III.

DES TRADUCTIONS DE JUVENAL.

LE satyrique *Juvenal* fit pour les mœurs ce qu'*Horace* avoit fait pour le bon goût ; il tâcha de les réformer par des invectives violentes. Son caractère est la force & la verve. *Horace* écrivit en courtisan adroit, *Juvenal* en citoyen zélé. L'un ne laisse rien à désirer à un esprit délicat & voluptueux ; l'autre satisfait pleinement une ame forte & rigide. *Juvenal* méprise l'arme légére du ridicule ; il saisit le glaive de la ſatyre, & courant du trône à la taverne, il en frappe indiſtinctement quiconque s'eſt éloigné des ſentiers de la vertu. C'eſt un cenſeur incorruptible, mais qui en dévoilant avec trop d'emportement le vice, allarme quelquefois la pudeur des gens de bien.

Notre littérature poſſéde pluſieurs traductions de *Juvenal*. *Chaline*, *Marolles*, *Martignac*, la *Valterie*, l'ont ſucceſſivement rendu en françois. Mais leurs verſions barbares, plates, ou allongées, énervent toute l'énergie du Poëte latin.

Le P. *Tarteron*, Jéſuite, en donna une en 1700. *in*-12., qui eſt depuis 40. ans entre les mains de la jeuneſſe. C'eſt d'après elle que les gens du monde ont jugé *Juvenal*; mais que le Satyrique romain eſt lâche dans cette verſion! On reproche non-ſeulement des contre-ſens au traducteur, mais de la foibleſſe, du trivial, de la dureté, de la froideur. *Juvenal* avoit étudié les mœurs de ſon tems dans l'école du monde; le P. *Tarteron* ne connoiſſoit guéres que le Collège. Et quand même il auroit connu le monde, ſon état lui auroit peut-être interdit la liberté de donner à ſes peintures toute l'énergie

Tarteron.

qu'un laïque peut se permettre sans conséquence.

Saulx. M. du *Saulx*, ancien Commissaire de la Gendarmerie, de l'Académie de Nanci, n'a pas été gêné par les entraves qui glaçoient la plume de *Tarteron*. On a donné les plus justes éloges à sa traduction des *Satyres de Juvenal*, Paris 1770. *in*-8°. Une bonne version est celle qui retrace vivement l'original à ceux qui le connoissent, & qui en tient lieu aux autres ; telle est celle de M. du *Saulx*. Il a sçu éviter les deux écueils des traducteurs, la servitude & la licence. Sa traduction restera entre les mains du public, & n'en laissera pas désirer d'autre. Son discours préliminaire est pensé ; il est très-bien écrit. Il a un plus grand mérite encore (dit M. *Gaillard* dans le *Journal des Savans*) celui d'annoncer une ame honnête & forte, capable, ainsi que celle de *Juvenal*, de ces haines vigoureuses *que doit donner le vice aux ames vertueuses*. Le parallèle d'*Horace* & de *Juvenal*, composé de traits puisés dans leurs écrits, est de main de maître. Il auroit peut-être été à désirer que l'auteur eût pris un ton moins élevé ; mais il n'a pas voulu faire apparemment une froide dissertation ; & puisqu'on met, ou qu'on veut mettre aujourdhui de l'éloquence par-tout, il ne l'a pas cru déplacée dans un discours sur un Poëte très-éloquent.

LUCAIN.

Lucain, neveu de *Sénéque*, a fait une gazette pompeuse de la guerre de *César* avec *Pompée*. Ce poëme porte le titre de *Pharsale*. Un Poëte françois très-boursouflé, préféroit l'enflure de *Lucain* au sage enthousiasme de *Virgile* ; presque personne n'a été de son avis. " *Lucain*, dit l'auteur des Affi-
„ ches de Province, n'a connu ni la
„ nature de l'Epopée, ni le caractère
„ & les loix de la Fable ou de l'inven-
„ tion poétique, ni les bornes de la
„ fiction. Dans un sujet consigné par-
„ tout, soit dans les monumens publics,
„ soit dans la mémoire des Romains
„ par une tradition presqu'orale, *Lu-*
„ *cain* ne pouvoit plus faire usage
„ des grandes machines de l'Epopée,
„ & faire intervenir à son gré les
„ Dieux ; mais la fiction qu'il n'avoit
„ pas la liberté de répandre dans l'é-
„ conomie de son poëme, il l'a fait
„ entrer dans les détails. C'est donc là

„ qu'il excéde par-tout la vraisem-
„ blance que la fiction ne dispense pas
„ d'observer, & qu'il fait le plus
„ étrange abus du merveilleux, en le
„ prodiguant sans nécessité avec un
„ excès qu'aucun romancier, même
„ Espagnol, ne s'est peut-être permis.
„ Si les calamités de Rome sont an-
„ noncées par des prodiges, il les ac-
„ cumule avec une telle profusion,
„ qu'il semble avoir compilé tous les
„ écrits des augures. Le camp de *César*
„ en Espagne est inondé par une forte
„ pluie qui l'incommode beaucoup,
„ mais dont *César* parle lui-même,
„ comme d'un événement ordinaire.
„ Cette pluie, dans *Lucain*, ressemble
„ au déluge de *Deucalion*; il renchérit
„ presque sur *Ovide*. S'il fait la des-
„ cription de l'Hiver dans un climat
„ tempéré, il rassemble tous les fri-
„ mats & toutes les glaces du pôle
„ Arctique. L'Eté succede; on est trans-
„ porté sous le ciel le plus brûlant de
„ la Zone torride. La bourrasque qu'es-
„ suye *César* sur la mer, dans le foible
„ Esquif qui le portoit lui & sa for-
„ tune, est, sous le pinceau de *Lu-
„ cain*, la plus horrible tempête dont
„ on ait l'idée. Dans le voyage de *Ca-*
„ *ton*

„ *ton* en Afrique, tous les ferpens de „ la terre, comme s'ils s'étoient donné „ rendez-vous, sont rassemblés sur „ son passage. Enfin, Géographie, „ Navigation, Astronomie, Magie, „ Physique, Histoire naturelle, Mé- „ decine, &c. &c. *Lucain* sçait tout „ comme *Homére*; mais il outre tout, „ & ne met presque rien à sa place.

„ Ce n'est là qu'une partie des dé- „ fauts qu'il y auroit à remarquer dans „ son Poëme. Il en est de beaucoup „ plus graves, & qu'on ne peut effacer „ d'un trait de plume.

„ Toute l'histoire, dans la *Pharsale*, „ est ridiculement altérée. Tous les „ caractères à commencer par ceux „ de *César* & de *Pompée*, sont totale- „ ment défigurés, changés, travestis. „ Par-tout est marquée sans ménage- „ ment, la partialité la plus révoltante „ & la plus absurde contre *César*. Il „ est toujours représenté comme le plus „ grand scélerat qu'ait produit Rome.

„ La Philosophie, dont on lui fait „ honneur, est sans doute une belle „ partie; mais c'est peut-être encore „ un des défauts de son Poëme. La „ Philosophie d'*Homére* bien démêlée „ par *Horace*, n'est pas celle de *Chri-*

„ *ſippe* & de *Crantor*, auſſi n'eſt-elle „ pas diſcoureuſe ; celle de *Lucain* eſt „ le pur Stoïciſme qu'il avoit puiſé à „ l'école de ſon oncle.

„ Concluons, que quand on a bien „ diſcuté *Lucain*, ſon mérite paroît ſe „ réduire à faire penſer fortement quelques-uns de ſes perſonnages, à leur „ donner de la fierté, de l'élévation, „ & de l'énergie, c'eſt-à-dire, à bien „ deſſiner des têtes, ou à leur donner „ beaucoup de vigueur & d'expreſſion. „ C'étoit un homme de génie, mais „ ſans regle, ſans frein, ſans goût. Il „ faut donc lire la *Pharſale*, tant pour „ la Poéſie de ſtyle où parmi tous ces „ défauts il y a de belles choſes, que „ pour les traits de génie que l'on y „ rencontre ; mais il faut bien précautionner les jeunes gens contre un „ ouvrage qui ſe reſſent trop de la jeuneſſe de l'auteur, & dont les vices „ ſont ſéduiſans. „

L'Abbé de *Marolles* & *Brébeuf*, dans le dernier ſiécle, ont eſſayé de traduire *Lucain*, & l'ont tous deux défiguré, mais chacun à ſa maniere & très-différemment. *Marolles* eſt plat & languiſſant ; *Brébeuf* eſt encore plus emphatique que ſon modèle ; mais il ſe relâche quelquefois : & quand *Lucain* rencontre heureuſement la véritable beauté d'une penſée, le traducteur demeure beaucoup au-deſſous ; comme s'il vouloit paroître facile & naturel, où il lui ſeroit permis d'employer toute ſa force.

Depuis ces deux Ecrivains la *Pharſale* avoit été négligée, lorſqu'enfin en 1766. il parut deux traductions à la fois. La premiére celle de M. *Maſſon*, Tréſorier de France, eſt exacte & propre à faire connoître le *Lucain* du tems de *Néron*, avec tous les défauts de ſa jeuneſſe, & ceux qu'il tenoit du mauvais goût de ſon ſiécle. La ſeconde eſt celle de M. *Marmontel*, l'un des plus grands admirateurs de *Lucain*. Après avoir fait ſon apologie dans la Préface, il développe éloquemment les cauſes éloignées & prochaines de la guerre civile entre *Céſar* & *Pompée*. Ce morceau eſt digne de St. *Real*. Quant à ſa traduction elle eſt trop élégante pour être ſervile & ſcrupuleuſement littérale.

M. *Marmontel* exprime quelquefois plus ſimplement que *Lucain* de grandes idées & de belles images. Il a conſidéré la Pharſale comme un arbre vigoureux & touffu, dont il y avoit à retrancher bien des branches infructueuſes, & qu'il falloit émonder *ſans le tailler au ciſeau.* Il s'eſt pourtant ſervi du ciſeau, pour retrancher entiérement, au commencement du premier Livre, la longue apoſtrophe à *Néron*, excès honteux de flatterie, dont *Virgile* avoit donné le mauvais exemple dans ſon invocation des *Georgiques.* Lorſque *Lucain*, par trop de préciſion eſt obſcur, l'Académicien, pour développer ou déterminer la penſée, a mieux aimé allonger le texte, que de le commenter en notes. Celles qu'il a miſes au bas des pages ont pour objet d'éclaircir quelques détails, & le plus ſouvent de concilier le Poëte avec les Hiſtoriens dont les textes ſont rapportés. Telle eſt à peu près l'idée que M. M. nous donne lui-même de ſa verſion, & nous la reconnoiſſons juſte en général, dit M. de *Querlon*, ſans adopter, quant au détail, beaucoup d'interprétations dans leſquelles il nous paroît n'avoir pas ſaiſi le ſens de *Lucain.*

SÉNÉQUE.

Nous avons des Tragédies ſous le nom de ce Philoſophe. Les auteurs de ces piéces, quels qu'ils ſoient, montrent en beaucoup d'endroits des sentimens fort beaux, mais ils sont presque toujours hors de la nature. Leur génie outré ne quitte point une pensée, qu'ils ne l'ayent poussée au-delà de ses bornes, & ils deviennent fatiguans, à force de vouloir être merveilleux. Comme c'étoit là le caractère de *Sénéque*, il n'est pas étonnant qu'on lui ait fait présent du plus grand nombre de ces piéces. Nous n'en avons aucune bonne traduction en françois. Mais si vous voulez connoître le goût, le génie, le caractère de la plûpart de ces Tragédies, il faut lire les réfléxions judicieuses que le Pere *Brumoy* a eu occasion de faire sur ces piéces dans son théâtre de Grecs. Vous y trouverez les paralleles de l'*Œdipe* de *Sophocle* avec l'*Œdipe* de *Sénéque*, des Trachiniennes ou de la mort d'*Hercule* du Poëte grec avec *Hercule* au mont Æta du Poëte latin, les comparaisons de l'*Hypolite* des Phéniciennes, de la Médée des Troyennes, & de l'*Hercule* furieux d'*Euripide*, avec l'Hypolite, la Thebaïde, la Médée, la Troade, & l'*Hercule* furieux de *Sénéque*.

PETRONE.

„ C'étoit un voluptueux, dit *Tacite*, „ qui donnoit le jour au ſommeil, & „ la nuit aux plaiſirs & aux affaires. „ Il y a des hommes qui ſe rendent „ célébres par leur application au tra- „ vail ; celui-ci s'étoit mis en réputa- „ tion par ſon oiſiveté. Il ne paſſoit pas „ cependant pour un de ces groſſiers „ libertins, qui ſe ruinent par des dé- „ bauches folles & ſans goût, mais „ pour un homme d'un luxe délicat & „ rafiné. Toutes ſes paroles, toutes ſes „ actions plaiſoient d'autant plus, „ qu'elles portoient un certain air de „ négligence qui paroiſſoit la ſimple „ nature, & qui avoit toutes les gra- „ ces de la naïveté. Cependant lorſ- „ qu'il fut Proconſul de Bithinie & „ enſuite Conſul, il ſe montra capa- „ ble des plus grands emplois. Puis „ redevenu voluptueux, ou par incli- „ nation, ou par politique, pour plaire „ au Prince qui aimoit la débauche, „ il fut l'un de ſes principaux confidens. „ C'étoit lui qui régloit tout dans les „ parties de plaiſir de *Néron*, & *Néron* „ ne trouvoit rien d'agréable ni de „ bon goût que ce que *Petrone* avoit

„ approuvé. „ De-là nâquit l'envie de *Tigelin* qui le regardoit comme un dangereux rival, qui le surpassoit dans la science des voluptés. *Petrone* se donna la mort lui-même pour prévenir celle à laquelle l'Empereur, sur une fausse accusation, l'auroit condamné.

Nous avons divers ouvrages sous le nom de ce célébre voluptueux. Le plus fameux est le festin de *Trimalcion* qu'on lui attribue généralement. Mais M. de *Voltaire* a voulu démontrer que cette satyre n'étoit point du tout de lui. „ On a prétendu, dit-il, que le Pro-„ fesseur *Agamemnon* est *Sénéque*; mais „ le style de *Sénéque* est précisément le „ contraire de celui d'*Agamemnon*, „ *turgida oratio*; *Agamemnon* est un „ plat déclamateur de Collège. On „ ose dire que *Trimalcion* est *Néron*. „ Comment un jeune Empereur, qui „ après tout avoit de l'esprit & des „ talens, peut-il être représenté par un „ vieux financier ridicule, qui donne „ à dîner à des parasites plus ridicules „ encore, & qui parle avec autant „ d'ignorance & de sottise, que le „ Bourgeois Gentilhomme de *Moliere*? „ Comment la crasseuse & idiote *For-„ tunata*, qui est au-dessous de Ma-

„ dame *Jourdain*, pourroit elle être la „ femme ou la maîtresse de *Néron* ? „ Quel rapport des polissons de Col- „ lège qui vivent de petits larcins, „ dans des lieux de débauches obscurs, „ peuvent-ils avoir avec la Cour ma- „ gnifique & voluptueuse d'un Empe- „ reur ? Quel homme sensé en lisant „ cet ouvrage licencieux, ne jugera „ pas qu'il est d'un jeune homme ef- „ fréné qui a de l'esprit ; mais dont „ le goût n'est pas encore formé, qui „ fait tantot des vers très-agréables, „ & tantôt de très mauvais, qui mêle „ les plus basses plaisanteries aux plus „ délicates, & qui est lui-même l'e- „ xemple de la décadence du goût „ dont il se plaint ? La clef qu'on a „ donnée de *Petrone* ressemble à celle „ des caractères de la *Bruyere*, elle est „ faite au hazard. „

Quoi qu'il en soit, le festin de *Trimalcion* a eu plusieurs traducteurs. Premiérement *Nodot*, qui ajouta une suite trouvée, à ce qu'il dit, à Belgrade en 1688. ; suite dont plusieurs critiques ont contesté l'authenticité. Sa version est en vers & en prose, ainsi que son original. Sa prose est claire & facile ; mais ses vers sont froids & languiſſans ; & en général cette traduction eſt trop paraphraſée.

M. *Lavaur* en publia une beaucoup plus littérale en 1726. *in*-12. ſous ce titre : *Hiſtoire ſecrette de Néron*, ou le *Feſtin de Trimalcion, traduit de Petrone, avec des notes hiſtoriques, un diſcours préliminaire ſur* Petrone, *ſon hiſtoire ſecrette, & pluſieurs autres remarques ſervant à l'intelligence de cet ouvrage.* Lavaur.

M. du *Jardin*, peu content de cette verſion, où il y a des retranchemens que les hommes vertueux jugeront néceſſaires, en donna une nouvelle en 1742. en deux vol. *in* 12. ſous le nom de *Boiſpréaux*. Sa traduction, quoiqu'un peu libre & quelquefois peu fidéle, eſt écrite d'un ſtyle communément léger, vif & animé, & juſqu'à préſent *Petrone* n'a point eu en notre langue d'interprête plus délicat. M. du *Jardin* a traduit en proſe ce qui eſt en proſe dans *Petrone*, & en vers ce qui eſt en vers. Du Jardin.

Nous avons encore de cet auteur un Poëme ſur la guerre civile entre *Céſar* & *Pompée*. C'eſt une eſpéce d'inſpiration prophétique, un caprice d'imagination, où il y a des portraits touchés avec force & frappés de bonne main. J'en connois deux traductions, l'une en prose par l'Abbé de *Marolles* & l'autre en vers par le Président *Bouhier*; celle-ci est digne de la plume de ce Magistrat. On la trouve dans son *Recueil de diverses traductions en vers françois*, Hollande 1737. *in*-4°. & à Paris 1738. *in*-12.

Marolles Bouhier.

AUTRES POËTES LATINS.

Nous réunirons dans cet article plusieurs Poëtes latins qui ne méritent pas un article particulier. *Martial*, Ecrivain épigrammatique, prouva par son style combien le goût du vrai beau en Littérature, avoit déjà dégénéré de son tems. Il se soutint sous des regnes orageux & fut même aimé par des Princes, dont l'amitié étoit déshonorante. Ses Epigrammes sont en général des ouvrages médiocres. Il couroit après l'esprit & n'atteignoit pas toujours le bon goût. Les pointes & les jeux de mots font son principal mérite. Quelques-uns de nos Poëtes ont mis plusieurs de ses Epigrammes en vers françois; elles sont répandues dans le recueil de leurs œuvres. Il y en a une assez foible traduction en prose, publiée *in*-12. 1753. à Avignon.

Il y auroit encore beaucoup d'autres Poëtes à traduire dans notre langue. Il y a dans *Stace* la matiere de deux ou trois Poëtes. Parmi ses idées gigantesques & les emportemens de sa fougue, que de traits heureux ! & quelle veine ! Quel torrent de poésie !

La froideur de *Silius Italicus* est rachetée par des détails intéressans. Son Poëme est un tableau qui n'est pas piquant ni brillant en couleurs, mais dans lequel on trouve des sites & des incidens pittoresques.

La sécheresse de *Valerius-Flaccus* excitera moins la verve d'un traducteur ; la poésie de style n'est pas à beaucoup près son endroit brillant. Mais ce que nous avons de son Poëme sur les Argonautes est assez bien ordonné ; c'est du moins le plus épique des Poëtes qui vinrent dans l'automne de la poésie latine.

Claudien, dans la monotonie de sa versification, a de l'élévation, de l'élégance, du style ; eh ! que d'agrémens répandus dans ses Epithalames.

Nemesien & *Calpurnius*, Poëtes Bucoliques, ont eu un traducteur, qui a mis ces deux Poëtes en notre langue avec toutes les graces, toute l'élégance & la fidélité qu'on pouvoit désirer. Cet auteur est M. *Mairault* mort en 1746., deux ans après que sa traduction eut paru.

Ausone a de beaux morceaux. Toutes ses œuvres ont été traduites en françois par l'Abbé *Jaubert* à Paris 1769. quatre vol. *in*-12. Le traducteur auroit beaucoup plus fait pour la gloire de son auteur, dit M. de *Querlon*, s'il n'eût traduit que les ouvrages qui méritoient de l'occuper, comme le Poëme de la Moselle, l'Amour fustigé, les Roses, quelques Epigrammes, la plûpart des Epîtres en vers ou en prose & le remerciement à *Gratien*, tout singulier qu'il est, ou même à cause de sa singularité. Il seroit à désirer encore que M. l'Abbé *Jaubert* eût purgé son style des expressions provinciales que tant de personnes en Province sçavent si bien éviter, soit en parlant, soit en écrivant.

Quand le christianisme eut éclairé les hommes, il épura leurs mœurs, mais il ne put parvenir à perfectionner leur goût. Il ne nous reste des premiers siécles de l'Eglise que des Hymnes où regne une simplicité sainte, qui les fait plus estimer par les gens de bien, que par les amateurs de la belle poésie. La plûpart de ces Hymnes ont été traduites par M. de *Sacy* & insérées dans les *Heures de Port-Royal*. *Corneille* entra en lice avec lui & traduisit les mêmes Hymnes Sa versification est communément soutenue, harmonieuse, noble; mais il y a aussi des négligences, des vers foibles, quelques tours forcés & des expressions dures.

Le Poëme de St. *Prosper* contre les ingrats, a été loué par tous ceux qui pensent qu'on peut mettre la Théologie en vers.

Disciple d'Augustin, & marchant sur sa trace,
Prosper s'unit à lui pour defendre la grace.
Il poursuivit l'erreur dans ses derniers détours,
Et contre elle des vers emprunta le secours.
Les vers servent aux Saints; la vive poésie
Fait triompher la Foi, fait trembler l'hérésie.

Ce Poëme a été traduit en françois en vers & en prose par M. de *Sacy*, & cette traduction estimée a été réimprimée en 1717. *in*-12.

§. IV.

POËTES LATINS MODERNES.

LA plûpart des gens de goût sont prévenus contre ceux qui font des vers dans une langue morte, & la Latinité moderne leur paroît aussi au-dessous de l'ancienne, que le françois est au-dessus du jargon de quelques-unes de nos Provinces. Ce préjugé peut être injuste; mais comme il paroît avoir généralement gagné, nous nous étendrons fort peu sur les Poëtes des siécles derniers qui ont écrit en latin. Nous ne parlerons même que de ceux qu'on a traduits ou imités en françois.

SANTEUIL.

C'est à ce Poëte que nous sommes redevables de ces belles Hymnes qui se chantent dans plusieurs Diocèses du Royaume. Que de piété & d'onction dans les sentimens! Que d'élégance & d'énergie dans les expressions! *Santeuil* lisoit ses vers faits pour les habitans des cieux avec toutes les agitations du démoniaque. *Despréaux* disoit que c'étoit le diable que Dieu forçoit à louer ſes Saints. C'eſt un des Poëtes dont le génie fut le plus impétueux & la Muſe la plus décente. Ses Hymnes ont été traduites en vers françois par l'Abbé *Saurin*, Paris 1699. *in*-12., & M. l'Abbé *Poupin* en a donné une autre traduction auſſi en vers 1760. *in*-12. Ces verſions ſont fort au-deſſous de l'original pour la verve, l'enthouſiaſme, la préciſion & l'énergie; mais elles peuvent du moins ſervir à le faire entendre.

Les autres productions de *Santeuil* traduites, ſoit en vers, ſoit en proſe, par pluſieurs Poëtes du dernier ſiécle, ſe trouvent dans le recueil de ſes œuvres, à Paris 1698. *in*-12., & plus complettes dans l'édition des mêmes œuvres procurée par M. *Pinel* de la *Marteliere* 1729. trois vol. *in*-12.

COMIRE.

Ce Jéſuite eſt un des meilleurs Poëtes latins qui ayent illuſtré le ſiécle de Louis XIV., l'aménité, l'abondance, la facilité, ſont en général le caractère de ſa verſification; mais plus propre à embellir qu'à s'élever, il n'a point cette hardieſſe, ce feu, cette énergie, cette préciſion, qui ſont de la poésie le plus sublime de tous les Arts. Plusieurs Poëtes françois ont imité ou traduit diverses piéces de ce Jésuite. On trouvera ces imitations dans le recueil de ses *œuvres*, Paris, 1716. deux vol. *in*-12.

DU FRESNOY.

L'Art de la Peinture, Poëme latin par *Charles du Fresnoy*, parisien, peut entrer en comparaison avec celui d'*Horace* sur l'Art poétique. Ce sont deux grands maîtres qui ont puisé dans les mêmes sources ; l'un & l'autre ont étudié la nature dans ce qu'elle a de plus parfait ; l'un & l'autre donnent des leçons si sûres que les négliger, c'est s'égarer, voilà ce que dit l'auteur de la *Vie de Mignard*, mais tous les critiques n'ont pas pensé comme lui. L'ouvrage de du *Fresnoy* a paru peu méthodique, & ses préceptes sont exprimés quelquefois avec trop de sécheresse. Quoi qu'il en soit, son Poëme a eu beaucoup de succès. Il fut

De Piles. traduit en françois par *Roger de Piles*. Cette version parut en 1677. avec le texte & un grand nombre de remarques sur le Poëme. Le traducteur tâche d'y expliquer les endroits les plus difficiles & les plus nécessaires, de la *maniére à peu près qu'il en avoit entendu parler à du* Fresnoy *dans les conversations qu'il en avoit eues avec lui.* Cette traduction fut réimprimée en 1684. *in*-12. avec un petit Dictionnaire des termes de peinture.

QUILLET.

Nous avons de cet auteur un Poëme latin intitulé, *la Callipédie*, ou *la maniere d'avoir de beaux enfans*, qui parut en 1656. *in*-8°. Paris, avec une Epitre dédicatoire au Cardinal *Mazarin.* Il est sans doute singulier qu'un Poëme, qui enseigne un pareil art, & où l'on trouve des peintures des plaisirs de l'amour, & des details sur l'article de la génération, ait été composé par un Abbé & dédié à un Cardinal. Mais la science des bienséances n'a été connue que fort tard parmi nous. Quoi qu'il en soit, il y a peu de Poëtes latins modernes, qui puissent être comparés à celui-ci, soit pour le fond qui est extrêmement intéressant, soit pour la juste distribution des parties, soit pour l'ingénieux emploi de la fable, soit pour la variété des épisodes, soit pour la beauté de la versification. La féchereſſe des préceptes diſparoît ſous le coloris du pinceau poétique. L'harmonie, la douceur, l'élévation, le nombre & la cadence caractériſent la Muſe de *Quillet*. M. d'*Egli* publia en 1746. *in*-12. une traduction françoiſe en proſe de ce Poëme; & M. *Freron* en fait eſpérer depuis long-tems une qui réunira le mérite de l'élégance à celui de la fidélité; deux qualités qui manquent quelquefois à la verſion de d'*Egli*.

Egli.

Freron.

BRUMOI.

Les Jéſuites produiſirent dans le dernier ſiécle divers Poëtes latins, & leur Parnaſſe n'a pas été ſtérile dans ce ſiécle-ci. Nous avons du Pere *Brumoi* deux Poëmes célébres, les *Paſſions* & l'*Art de la Verrerie*. Les petites négligences qu'on trouve dans le premier ſont peu de choſe, quand on les compare avec la force des penſées, la variété & la multiplicité des images, la vivacité des deſcriptions, la pureté & l'élégance du langage. Sa latinité eſt plus romaine que ne l'eſt celle de la plûpart de nos Auteurs latins d'aujourdhui. Le Pere *Brumoi*, pour ne pas perdre le mérite de ſon travail, auprès de ceux qui n'entendent ou ne goûtent point le latin, a traduit en leur faveur son ouvrage en prose françoise. Ceux qui sont versés dans les deux langues, trouveront que la version est peu littérale, & que le traducteur se perd quelquefois de vue lui-même. Mais elle est écrite d'un style élégant & soutenu.

Le poëme de l'*Art de la Verrerie* n'intéresse pas moins en son genre que celui des *Passions*. Il n'y a ni moins d'art dans l'invention, ni moins d'agrémens dans la conduite. Le Physicien & le Poëte s'y montrent dans un jour avantageux, sur-tout dans les deux derniers chants, où l'auteur exprime aussi heureusement qu'il décrit savamment les differens ouvrages de Verrerie. Le Pere *Brumoi* a aussi traduit ce Poëme en prose; mais il est plus littéral que dans son Poëme des Passions, quoique son style soit aussi poli, que ses expressions soient aussi pures, aussi châtiées & aussi élégantes.

VANIERE.

Le *Prædium Rusticum* du P. *Vaniere*, a trouvé autant d'admirateurs que le Poëme des Jardins du Pere *Rapin*, &

il a eu de plus un traducteur. Il a été publié en françois sous le titre d'*Economie rurale* par M. *Berland d'Halouvry* 1756. deux vol. *in*-12. La réputation de ce Poëme est établie depuis long-tems. L'auteur écrit en vers avec une facilité admirable. On sent qu'il s'étoit nourri de la lecture des auteurs du siécle d'*Auguste*. Quelques critiques veulent que certains épisodes soient déplacés. Pourquoi, disent-ils, à l'occasion de la maladie contagieuse des bœufs, nous donne-t'on la description de la peste de Provence & les éloges des illustres Prélats qui en ont bravé les dangers? Pourquoi tant d'autres dîgressions étrangeres à son sujet? Pourquoi tant de détails petits & minucieux? Mais quelque chose qu'on dise, il faut toujours admirer l'aisance qu'a l'auteur de s'exprimer en beaux vers sur tant de sujets différens. Un Poëte françois auroit bien de la peine à en faire autant. L'exemple du Pere *Vaniere* justifie ce qu'a dit M. de *Voltaire* dans sa préface de *Brutus*, qu'il est plus aisé de faire cent vers en toute autre langue, que quatre en françois.

POLIGNAC.

L'*Anti-Lucréce* de l'illuſtre Cardinal de *Polignac* ne ſeroit déſavouée ni par *Deſcartes*, ni par *Virgile*. Le goût ne s'y fait pas moins ſentir que le raiſonnement. Des vérités ſublimes y ſont développées avec art, avec méthode, avec élégance. Le Cardinal de *Polignac* racontoit volontiers ce qui lui avoit fait naître l'idée de cet ouvrage. En revenant de Pologne il s'arrêta quelque tems en Hollande. Il y eut pluſieurs entretiens ſuivis avec le célébre *Bayle*. Les argumens d'*Epicure*, de *Lucréce* & des Sceptiques qui venoient depuis peu d'être pouſſés très-loin dans le *Dictionnaire critique*, le furent peut-être encore davantage dans la converſation. Le Cardinal de *Polignac* forma dès-lors le deſſein de les réfuter. Deux exils dans deux de ſes Abbayes, lui donnerent ce loiſir néceſſaire pour les lettres. Ainſi l'*Anti-Lucréce* eſt le fruit des diſgraces de ſon auteur. Il a été mis en françois avec beaucoup d'élégance & de force par M. de *Bougainville*, Ecrivain diſtingué, que la mort a enlevé trop promptement à la république des lettres.

CHAPITRE II.

DES POËTES ÉTRANGERS.

§. I.

Des Poëtes Italiens & de leurs Traducteurs.

LA Poésie Italienne, fille de la Latine, passa par différens dégrés. Le *Dante* en fut le pere. Il fit de mauvais imitateurs, & lui-même étoit à quelques égards un mauvais modèle. Les Italiens l'appellent divin, mais c'est une divinité cachée ; peu de gens entendent ses oracles ; il a des commentateurs ; c'est peut-être encore une raison de plus pour n'être pas compris. Sa Comédie de l'*Enfer*, du *Purgatoire*, du *Paradis*, a été mise autrefois en rimes françoises, mais cette version est si grossiere & si insipide, que nous ne nous y arrêterons pas.

PÉTRARQUE.

Celui-ci est bien supérieur au Dante. Il tira les lettres de la barbarie, où elles étoient encore plongées dans le quatorzieme siécle; il rétablit les bonnes études en Europe ; on lui doit la conservation de beaucoup d'auteurs qui seroient perdus, sans le soin qu'il prit de les rechercher & d'en faire faire des copies. Le *Dante* avant lui, avoit donné de l'élévation & du sublime à la langue italienne ; mais il ne lui avoit pas ôté toute sa rudesse. Ce prodige étoit réservé à *Pétrarque*. La langue italienne acquit sous sa plume cette facilité, cette abondance, cette harmonie qui semblent être son caractère particulier. Mais n'y a-t'il pas dans tous les éloges que l'on a fait des *Canzoni* de l'amant de *Laure*, un peu trop d'enthousiasme ? Les Poëtes modernes, les françois sur-tout, ont composé des chansons plus délicates, plus ingénieuses que celles de *Pétrarque* ; mais on les loue moins, parce qu'elles sont moins anciennes.

Nous avons diverses imitations de quelques piéces de vers de ce Poëte ; mais elles sont répandues çà & là. L'ouvrage où vous en trouverez le plus est celui que M. l'Abbé de *Sade* nous Sade. a donné en 1764. en 3. vol. *in*-4°. sous le titre de *Mémoires pour la vie de François Pétrarque, tirés de ses œuvres &*

des auteurs contemporains, avec des notes ou dissertations, & les piéces justificatives. Cet ouvrage renferme non-seulement la vie littéraire & la vie politique de *Pétrarque*; on y a fait entrer une version en vers de la plûpart de ses ouvrages, imitation qui tient plus de l'exactitude de la traduction que de l'élévation de la poésie.

BOIARDO.

Mateo Maria Boiardo, Comte de Scandiano au territoire de Reggio dans le Modenois, commandant de la ville & citadelle de Reggio, mort en 1494., parut un siécle après *Pétrarque*. Il est connu principalement par son Poëme de *Roland l'Amoureux*. A l'imitation d'*Homére* dans l'Iliade, *Boiardo* a choisi pour son sujet le siége de Paris qu'il substitua à celui de Troye. Il étoit avec raison, charmé de la beauté des ouvrages du Poëte grec, & cependant sa grande faute est de l'avoir imité; car l'imitation demande plus de gêne & plus d'art qu'on ne croit communément. Les fleurs des anciens semblent fanées, lorsqu'elles sont cueillies par des mains mal habiles. *Gravina* lui reproche des expressions basses &

& des nombres trop foibles. Cependant il a la gloire d'avoir fourni des idées à l'*Arioste*, & d'en avoir peut-être été le guide dans son *Roland Furieux*. Ils ont l'un & l'autre donné carriere à leur imagination qu'ils avoient également vive & brillante. Mais si l'un a le mérite de l'invention, l'autre l'emporte pour le style.

L'auteur de *Gilblas*, l'ingénieux le *Sage*, donna en 1717. en deux vol. *in*-12. une traduction ou plûtôt une imitation du *Roland Amoureux*. Il a été forcé d'y faire beaucoup de changemens. Le Poëte italien, très-ignorant en Géographie, rapprochoit les Etats les plus éloignés & commettoit les bevues les plus singulieres. Son traducteur les a corrigées autant qu'il l'a pu. Il s'est encore écarté quelquefois de son original, pour lier les aventures l'une à l'autre, & faire disparoître la contrariété qui se trouve souvent entr'elle dans le Poëme italien. Pour les hauts faits d'armes & les enchantemens qui ne se peuvent changer, sans défigurer l'auteur, il les a conservés, de même que les caractères. Son style est pur, élégant, léger, & l'on y reconnoît l'auteur du *Diable boiteux*. Le Sage.

L'ARIOSTE.

Le *Roland Furieux* de l'*Arioste* est une imitation du *Roland Amoureux* du *Boiardo*. La pureté & l'élégance du style, l'heureux choix des termes, les graces de l'imagination, une gaieté inépuisable, des tirades sublimes; voilà ce qui a fait fermer les yeux sur les imperfections du Poëme de l'*Arioste*. Mais lorsqu'on le lit de sang froid, on ne sauroit se dissimuler que son Poëme, à le prendre à la rigueur, n'a ni commencement ni milieu ni fin. On ne sait quel en est le héros principal. Aucune épisode n'y semble naître du fond du sujet; le comique & souvent un comique bas & obscene, s'y trouve confondu avec le tragique & l'héroïque. Ce Poëme d'ailleurs est plein de descriptions chimériques, d'exagérations outrées qui interrompent continuellement le cours de la narration.

C'est un Poëme charmant, dit M. de *Voltaire*, mais un Poëme épique. Pour qu'il soit tel, il faut au moins avoir un but, & l'*Arioste* semble n'avoir que celui d'entasser fable sur fable. C'est un recueil de choses extravagantes écrites d'un style enchanteur. On ne place point *Ovide* parmi les Poëmes épiques, parce que ses métamorphoses, toutes consacrées qu'elles sont par la religion des Anciens, ne font pas un tout, ne font pas un ouvrage régulier. Comment donc y placeroit-on l'*Arioste*, dont les fables sont si au-dessous des métamorphoses ?

M. de *Mirabaud* nous a donné une traduction du Poëme de l'*Arioste*, qui a réuni tous les suffrages. Elle est fidéle sans blesser la modestie qu'exige notre langue, & le nom du traducteur marchera toujours à la suite de l'original qu'il a si bien rendu. Mirabaud.

RUCCELLAI.

Ce Poëte étoit contemporain de l'*Arioste*, mais ce n'étoit point son rival. Son Poëme intitulé les *Abeilles*, traduit par M. *Pingeron* en 1770. *in*-12. est plus didactique & bien moins orné que celui de *Virgile*, quoiqu'en partie tiré de ce Poëte. C'est une production qui a cependant son mérite & ses agrémens. Elle est en vers blancs, & très-agréable. C'est dans ce Poëme que *Ruccellai* attribue l'invention de la rime à la nymphe *Echo*. Idée ingénieuse & qui peint l'effet de ce genre d'orn[illegible] la traduction du Poëme eſt bi[illegible]

SANNAZAR.

Ce Poëte excelloit à faire des vers latins ; mais il n'avoit pas négligé ſa propre langue, & nous avons de lui en italien une eſpêce de Paſtorale intitulée *Arcadie.* Ce genre d'ouvrage mêlé de vers & de récits en proſe, a quelque choſe de moins frappant que celui qui ſe ſoutient par l'action, ou la repréſentation, tels que le *Paſtor Fido*, l'*Aminte* & quelques autres ; mais il n'eſt pas moins ſuſceptible de grandes beautés dans une main auſſi habile que celle de *Sannazar.* Des images riches, agréables & toujours variées ; des peintures naturelles de la vie champêtre, font l'ornement de ſa proſe. Ses vers ont de la force, de la préciſion, & en pluſieurs endroits on voit un grand fond de morale philoſophique. On y ſent un homme dont la vie a eſſuyé beaucoup de traverſes, & qui a formé ſon jugement dans l'amertume des adverſités. En un mot, au ſtyle près, qui, ſoit par la longueur des phraſes ou par l'uſage de certaines expreſſions, fait quelquefois perdre à la narration une partie de ses graces, on ne peut s'empêcher d'admirer la fé[illegible]é de l'auteur, & son art à faire des [illegible]leaux agréables.

M. *Pecquet* a donné une traduction de cette Pastorale en 1737. *in*-12. Il a travaillé à être littéral, sans être esclave des tours; & il a tâché de prendre un style doux & simple. Pecquet.

TRISSIN.

Le *Trissin*, célébre en Italie par un Poëme épique dont nous ne connoissons point de traduction françoise, fut le premier qui donna une Tragédie en langue italienne. Il choisit un sujet connu, parce qu'il ne voulut point qu'il fût étranger aux spectateurs. Il donna la préférence à l'histoire de *Sophonisbe*, & à ce qu'il y a de plus intéressant dans cette histoire, aux malheurs de cette Reine qui meurt par le poison que *Massinissa* lui envoie. Cette Tragédie a été traduite deux fois en françois; mais il y a deux siécles; & ces versions n'étant plus supportables, il est inutile de nommer les plats traducteurs qui les ont faites.

LE TASSE.

La *Jérusalem délivrée* du *Tasse* est peut-être le seul Poëme épique dont l'Italie puisse se glorifier. On ne sauroit trop louer la belle ordonnance de ce Poëme, ce grand intérêt qui y va toujours croissant, cet art singulier d'amener les événemens, & de présenter successivement au lecteur les tableaux les plus terribles de la guerre, & les peintures les plus riantes de l'amour. Le *Tasse* paroît sur-tout supérieur à *Homere* dont il semble avoir suivi les traces, par l'art de nuancer les couleurs, & de donner aux différentes espêces de vertus & de vices les traits qui leur sont propres & qui les distinguent le plus. Où trouver des caractères plus variés, plus fortement soutenus que dans la *Jérusalem délivrée*? Le style de ce Poëme acheve la séduction. Il est toujours clair, élégant, harmonieux, & dans le ravissement où il jette le lecteur, il oublie tous les défauts de l'auteur : ces enchantemens qui semblent appartenir à la féerie; ce mêlange bizarre d'idées payennes & chrétiennes; ces jeux de mots & ces *concétti* puériles, que le goût du siécle avoit arraché au Poëte. Il n'y a en vérité qu'un Italien qui puisse supporter l'excès auquel le *Tasse* a porté le merveilleux de son Poëme. Dix Princes chrétiens métamorphosés en poissons, dans les bassins d'*Armide*, & un perroquet chantant des chansons galantes de sa propre composition, sont des choses bien étranges aux yeux d'un lecteur sensé, quoique nous soyons prévenus par l'histoire de *Circé* dans l'Odyssée, & quoique nous voyions tous les jours les perroquets imiter la voix humaine. Qu'on pardonne ces extravagances poétiques en faveur des beautés qui les accompagnent ; à la bonne heure. Mais qu'on ne soit pas assez enthousiaste ou assez sot pour en faire l'apologie. On ne comprend pas comment des personnes de bon sens peuvent approuver un Magicien chrétien qui tire *Renaud* des mains des Sorciers mahométans. On voit avec surprise dans le *Tasse* la Messe, la Confession, les Litanies des Saints & des morceaux de sorcellerie, confondus ensemble & formant le plus grotesque assemblage.

Le traducteur du Poëme de l'*Arioste* l'a été de celui du *Tasse*. M. de *Mirabaud* en publia une traduction en prose Mirabaud.

en 1724. Cette version dans laquelle le génie du Poëte italien reprenoit une nouvelle vie, fut le titre de sa réception à l'Académie Françoise. " Ç'a „ été, lui dit M. de *Fontenelle*, votre „ belle traduction de la *Jérusalem* du „ *Tasse* qui a brigué nos voix : vous „ avez appris aux François combien „ étoit estimable ce Poëte italien qu'ils „ estimoient déjà tant. Dès qu'il a „ parlé par votre bouche, il a été reçu „ par-tout ; par-tout il a été applaudi. „ L'envie & la critique n'ont pas eu la „ ressource de pouvoir attribuer ce „ grand succès aux seules beautés du „ *Tasse* ; il perdoit le charme de la „ poésie ; il perdoit les graces de sa „ langue ; il perdoit tout, si vous ne „ l'eussiez dédommagé.... La voix „ du public qui prévint nos louanges, „ vous indiqua dès-lors à l'Académie. „ Voilà votre titre. „ Le traducteur s'étoit fait un systême qui avoit été l'occasion de plusieurs fautes répandues dans la premiere édition de cet ouvrage ; tantôt il supprimoit entiérement tout ce qui n'étoit point de son goût, & tantôt il changeoit, ornoit, étendoit ou resserroit ce qui lui plaisoit davantage. Mais dans sa seconde édition il se permit beaucoup moins de liberté, & son ouvrage acquit un mérite plus solide avec de nouvelles graces.

Après la *Jérusalem délivrée*, il n'y a aucun ouvrage du *Tasse* qui soit plus célébre que son *Aminte*, qu'il fit pour plaire au Duc de *Ferrare* son protecteur. Cette piéce qu'il appelle *Fable bocagere*, fut représentée avec beaucoup d'applaudissemens devant ce Prince. Il a sçu conserver dans cet ouvrage la naïveté de l'Eglogue en y joignant la richesse sagement distribuée, dont est susceptible une action compliquée, qui différencie la Pastorale d'avec l'Eglogue. Il a sçu soutenir l'intérêt de sa piéce, en ménageant dans son sujet même des situations touchantes sans faire intervenir une double action. Enfin on remarque dans presque toute cette Pastorale une sagesse d'expression qui n'a pas toujours trouvé dans les Poëtes italiens de scrupuleux imitateurs. On lui reproche cependant un peu de sécheresse, & ce nombre infini de récits consécutifs, qui ne donnant rien à la représentation, laissent sans occupation un des principaux sens, par l'organe duquel les hommes sont le plus facilement touchés, celui de la vue.

Cette Pastorale a eu plusieurs traducteurs. Les deux derniers sont M. *Pecquet* & M. l'*Escalopier*. L'un donna sa traduction en 1734. & l'autre en 1735. Il y a plus de fidélité & de précision dans celle-ci, & plus de vivacité, d'énergie & de délicatesse dans le style de M. *Pecquet*.

Pecquet. L'Escalopier.

GUARINI.

L'Aminte du *Tasse* inspira aux Poëtes italiens le goût de la Pastorale. *Jean-Baptiste Guarini*, gentilhomme Ferrarois, donna peu de tems après lui son *Pastor fido*, ou son *Berger fidéle*. Cette Pastorale est son chef-d'œuvre. On y voit un auteur abondant dans ses expressions, presque toujours juste dans ses comparaisons, riche dans ses images, intéressant dans la conduite de sa piéce. On y trouve même plusieurs morceaux plus brillans & plus frappans qu'on n'en rencontre communément dans l'*Aminte*. Cette piéce plut beaucoup dans les représentations. Le *Guarini* avoit sçu disposer le théâtre de façon, que, sans aucun changement de décoration, on voyoit le temple au-dessus de la montagne, la grotte au pied & le vallon où se passent toutes les scènes. Mais la lecture laissa appercevoir des défauts qui échappent presque toujours à la représentation. Telles sont une infinité de comparaisons longues & par conséquent languissantes, des scènes dont l'excessive prolixité fatigue ; beaucoup de jeux de mots reprouvés dans notre langue. D'ailleurs la longueur de cette piéce passe presque la vraisemblance. Quoique la scène soit en Arcadie, l'auteur fait ses personnages trop savans & trop instruits des grands systêmes de l'ancienne Philosophie. Il a trop subtilisé le raisonnement sur des choses qui au fond pouvoient être censées à la portée de simples bergers.

Cette Pastorale a été traduite en vers par l'Abbé de *Torche*, & en prose par M. *Pecquet*. La traduction du premier parut en 1667. à Paris *in*-12., & celle du second vit le jour dans la même Ville en 1733. deux volumes *in*-12. Cette derniere version, sans être parfaite, l'emporte de beaucoup sur l'autre pour l'exactitude, la fidélité, & pour les agrémens du style. On ne voit dans celle de l'Abbé de *Torche*

Torche. Pecquet.

aucune des graces qui sont répandues par-tout dans l'Italien. Ces fleurs qui en sont un des plus beaux ornemens y trouvent le même dépérissement qu'essuye le plus délicieux parterre aux approches de l'hiver.

BONARELLI.

La *Philis de Scire* du Comte *Bonarelli* est la troisiéme Pastorale que les Italiens mettent au nombre de leurs chefs-d'œuvre en ce genre. Si elle céde le premier rang à l'*Aminte*, & le second au *Pastor fido*, elle occupe le troisiéme, & personne ne le lui refuse. Elle n'est pas aussi délicate, ni aussi spirituelle que les deux autres; mais elle les égale dans l'invention; & comme elle est plus selon les regles, elle les passe dans la conduite. La reconnoissance y est bien amenée, & le changement d'état produit l'effet convenable à la Comédie, qui est de rendre tous les personnages contens. L'unité de lieu n'y est pas exactement observée; mais l'action est une, & sa durée ne s'étend que depuis le lever du soleil jusqu'au coucher.

Parmi les traductions de cette Pastorale, celle qu'on préfére est la verſion que du *Bois de St. Gelais* donna en 3. vol. *in*-12. à Bruxelles en 1707. „ Comparée avec l'Italien elle m'a „ paru, dit l'Abbé *Goujet*, exacte à „ rendre les penſées de l'auteur & „ même ſon goût, ſon génie, ſes ex- „ preſſions autant qu'une traduction „ françoiſe peut rendre un Poëte ita- „ lien. Le traducteur avoue cependant „ qu'il a fait quelques changemens ; „ & j'aurois de la peine à l'en blâmer. „ Aſſez circonſpect pour ne point s'é- „ blouir par les fauſſes beautés répan- „ dues en quelques endroits de la *Phi*- „ *lis de Scire*, il s'eſt cru en droit de „ mettre des correctifs aux penſées qui „ lui ont paru trop forcées. Dans d'au- „ tres il a employé des termes d'une „ ſignification différente, mais ſuſcep- „ tibles du même ſens. „ Du Bois de St. Gelais.

L'Abbé de *Torche* avoit traduit avant lui en vers la *Philis* de *Bonarelli* ; mais ſa verſion imprimée à Paris en 1669. *in*-12., eſt bien foible & bien languiſſante. Torche.

MARIN.

On loue beaucoup l'*Adonis* de cet auteur. C'eſt un Poëme héroïque, ſuivant ſes admirateurs. Ce n'eſt qu'un ouvrage de caprice & de fantaisie selon beaucoup d'autres. Il est composé de vingt Livres ou de vingt Chants ; & on ne peut guéres les lire tous sans beaucoup d'ennui. Sa longueur, les idées singuliéres dont il est rempli, un phœbus perpétuel, des tirades de vers où l'on ne trouve que la même pensée, ses images peu naturelles, tous ces défauts dégoûtent ou impatientent du moins un lecteur françois qui ne peut s'accoutumer à ces bizarreries italiennes. Qui pourroit supporter parmi nous le mêlange éternel qu'il fait du sacré & du profane ? Lorsque dans le dix-septiéme Chant, *Marin* fait voyager *Vénus* dans l'Asie, il l'a fait pleurer à l'aspect de ces pays dont un jour les Turcs s'empareront pour établir le croissant sur les ruines de la Croix. Auroit-on soupçonné qu'un pareil malheur prévu de si loin eût dû coûter des larmes à *Vénus* ? Dans le jardin des plaisirs consacré à la même Déesse, il se trouve une fleur que le Poëte décrit en huit stances, parce qu'elle porte imprimée sur ses feuilles tous les instrumens de la Passion de JESUS-CHRIST.

Un anonyme traduisit ou plûtôt abrégea & imita en vers françois en douze Chants le Poëme d'*Adonis*. Cette imitation vit le jour à Paris en 1667. *in*-12. Elle fut accueillie dans le tems & elle auroit été dédaignée dans le nôtre. M. *Freron* a imité plus heureusement le huitiéme Chant de l'*Adonis* dans une brochure intitulée : *Les vrais plaisirs, ou les amours de Vénus & d'Adonis*. Il y a mis une suite, des liaisons, & même ajouté diverses idées, mais qui ne déguisent point trop le génie italien.

TASSONI.

Le *Sceau enlevé*, Poëme du *Tassoni*, est regardé comme un des beaux monumens de la langue italienne. On y trouve beaucoup de feu, d'imagination & de gaieté. Rien de plus varié & de plus neuf que les comparaisons. Les caractères en sont bien frappés & bien soutenus. Le *Tassoni* a voulu réunir *Calot* & *Raphael*. Un portrait grotesque est suivi d'un tableau sublime. L'enjouement du comique succéde à des traits terribles. Par-tout on voit une force, une vivacité de coloris, qui annonce l'art & le génie. Un peu moins de hardiesse cinique n'eût pas déparé ce Poëte. Les oreilles italiennes ne sont point allarmées comme les nôtres du ſon effronté de certains mots.

Perrault. *Pierre Perrault*, frere de l'Académicien de ce nom, publia en 1678, en deux vol. *in*-12. une traduction platement littérale de ce Poëme, & la copie ne donna pas beaucoup d'eſtime pour l'original. Enfin en 1758. M. de *Cedors* en a donné une en trois volumes *in*-12. qui eſt plus élégante & plus fidéle. Il a dû trouver de grandes difficultés dans la modeſtie de notre langue; cependant ſi on en excepte quelques négligences de ſtyle, quelques expreſſions trop familieres, ſa verſion ne déplaira pas aux lecteurs les plus délicats.

MAFFEÏ.

Nous paſſons du *Taſſoni* à *Maffeï*, parce que les Poëtes qui ont été entre ces deux Ecrivains, n'ont pas produit des ouvrages dignes d'être connus; ou du moins, on ne s'eſt pas appliqué à les faire connoître. Le Marquis *Maffeï* eſt principalement célébre par ſa *Mérope*. On ſent dans cette Tragédie le goût d'un Ecrivain qui s'eſt formé ſur la majeſtueuſe ſimplicité des Grecs. L'intrigue eſt naturelle, la ſcène animée par les actions qui s'y passent, les mœurs sentent l'antique ; le langage est noble & poétique sans être affecté, les personnages sont intéressans. Cette piéce fut imprimée pour la premiere fois en 1710. nous en avons deux traductions françoises. La premiere par M. *Freret* est estimée pour sa fidélité. M. de *V.* ayant manié le même sujet en 1743. pour le théâtre françois, les applaudissemens que sa Tragédie reçut dans les représentations occasionnerent une nouvelle traduction de *Mérope*. Mais le génie italien y est moins conservé que dans la premiére traduction, & l'exactitude même à rendre le sens de l'original n'est pas si entiere. Freres.

METASTASIO.

L'Abbé *Metastasio*, éleve du fameux *Gravina*, a su joindre à la justesse d'esprit & à l'érudition de son maître, un génie délicat & une douceur de caractère que celui-ci n'avoit pas. Son style est pur, élégant & quelquefois touchant & sublime. Le fond de ses piéces est noble, intéressant & théatral. Personne n'ignore les étonnans succès qu'il a eus à la Cour de Vienne. Son théatre a été traduit en françois par M. *Richelet* 1751. & années suivantes en douze vol. *in*-12. sous le titre de *Tragédies & Opéra de l'Abbé Metastasio.* Le traducteur fidéle au sens de l'original, ne l'est pas moins à la pureté du langage.

§. II.

POËTES ESPAGNOLS ET PORTUGAIS.

L'Espagne a été sur-tout féconde en Poëtes dramatiques. Il y a plus de Comédies espagnoles qu'il n'y a de Comédies & de Tragédies italiennes & françoises depuis leur origine jusqu'à présent. Le seul Dom *Pedro Calderon de la Barca* a imprimé neuf volumes de Comédies, & six de ses Drames saints que l'on représente en certains tems de l'année, & particuliérement à la Fête-Dieu. *Lopes de Vega* a fait plus de quinze cens piéces. Frere *Gabriel Thelles* en a produit un très-grand nombre, quoiqu'il n'y en ait d'imprimées que cinq vol. chacun de douze Comédies. Il en est ainsi des autres à proportion. Aussi le théatre espagnol est-il la source où plusieurs de nos tragiques & de nos comiques les plus estimés ont souvent puisé.

C'est ce qui engagea M. le *Sage* a publier en 1700. *in*-12. le *Théatre Espagnol, ou les meilleures Comédies des plus fameux Auteurs espagnols, traduits en françois.* Ce titre est sans doute trop pompeux; car le traducteur n'a donné que deux piéces & ne s'est pas même attaché à être littéral. Les Espagnols ont, dit-il, des façons de parler qu'on ne me blâmera pas d'avoir changées. Tantôt ce sont des figures outrées qui font un galimatias des termes pompeux de ciel, de soleil & d'aurore ; tantôt ce sont des saillies du Capitan *Matamore*, des mouvemens rodomonts qui ne laissent pas véritablement d'avoir de la grandeur & de la force, mais qui sont trop opposés aux usages, pour qu'ils puissent être goûtés des François. Le Sage.

Le traducteur a donc adouci ce qui lui a paru trop rude ; mais il n'a pas travesti ses acteurs à la françoise. Il a voulu qu'on pût toujours reconnoître à leur maniere de penser & de parler, qu'ils étoient nés sous un autre ciel que le nôtre. Quand il n'a pu sans supprimer des incidens qui lui ont paru agréables, consommer l'action en un jour, il en a pris deux. Pour l'unité de lieu, il n'a pas cru qu'il lui fût possible de la garder sans ôter le merveilleux, & sans tronquer les intrigues. L'auteur nous avoit promis de pousser ce travail beaucoup plus loin; & en particulier, de nous faire connoître les Ecrivains dramatiques espagnols, & les obligations qu'il croit que nous leur avons; il n'a pas tenu parole.

Lin-guet. Nous ne devons pas regretter qu'il n'ait pas rempli sa promesse depuis que M. *Linguet* nous a donné son *Théatre Espagnol*, en 4. volumes *in*-12. 1770. Cet ouvrage est fait avec beaucoup plus de goût que celui de le *Sage*; il y a un bien plus grand nombre de piéces, & on sçait quelle élégance, quelle pureté, quelle facilité, quelles graces le traducteur donne à tout ce qu'il touche.

Caf-tera. M. du *Perron* de *Castera* avoit donné avant M. *Linguet* des extraits de dix Comédies de *Lopes de Vega* en trois brochures *in*-12. 1738. Ces extraits sont assez bien faits; mais on vouloit avoir les piéces en entier, & c'est ce qu'on trouve dans le recueil de M.

Linguet beaucoup plus ample & plus eſtimable.

POËTES PORTUGAIS.

De toutes les productions des Muſes portugaiſes nous ne connoiſſons que la *Luſiade* du *Camoens*, Poëme héroïque ſur la découverte des Indes orientales. Le fond de cet ouvrage n'eſt ni une guerre, ni une querelle de héros, ni le monde en armes pour une femme; c'eſt un nouveau pays découvert à l'aide de la navigation. Après le début, le Poëte conduit la flotte portugaiſe à l'embouchure du Gange, décrit en paſſant les Indes occidentales, le Midi & l'Orient de l'Afrique, & les différens peuples qui vivent ſur cette côte. Il entremêle avec art, dans le troiſiéme & le quatriéme Chant l'hiſtoire du Portugal. La mort d'*Inés* de *Caſtro*, femme du Roi Dom *Pedre*, qui fait partie de cette hiſtoire, eſt racontée dans le troiſiéme Livre, & ce morceau paſſe pour le plus beau du *Camoens*. Il y a, dit-on, dans *Virgile*, peu d'endroits plus attendriſſans & mieux écrits.

La ſimplicité du Poëme eſt rehauſſée par des fictions auſſi neuves que le ſujet. Mais il y en a où la décence eſt entiérement violée : telle eſt celle de cette iſle enchantée où *Vénus* rend les Néréïdes amoureuſes des Portugais. Les plaiſirs les plus laſcifs y ſont peints ſans voile. Un autre défaut de ce Poëme, c'eſt le peu de liaiſon qui regne dans toutes ſes parties. Il reſſemble au voyage dont il eſt le ſujet. Les aventures ſe ſuccédent les unes aux autres, & l'auteur n'a d'autre art que celui de les bien conter. Mais cet art eſt beaucoup, & il faut que ce Poëme ſoit plein de grandes beautés de détail, puiſqu'il fait depuis deux cens ans les délices d'une nation ſpirituelle, qui certainement en connoît les fautes.

Caſtera. En 1735. M. du *Perron* de *Caſtera* nous a donné une traduction en proſe de ce Poëme, dont le ſtyle eſt vif & nerveux, mais peu correct & trop coupé. Sa proſe poétique qui dégénere quelquefois en vers héroïques, eſt ſemée de tems en tems d'expreſſions peu françoiſes. Sa traduction n'a pas paru toujours fidéle, & ſes notes preſque par-tout inutiles, ſont très-ſouvent fautives.

§. III.

POËTES ANGLOIS.

Le commerce que nous avons avec les Anglois, l'étude qu'on fait de leur langue, le zéle de nos Ecrivains pour traduire leurs ouvrages, sont autant de voies qui nous ont facilité la connoissance du goût & du génie de leur poésie. Leurs versificateurs ont de grands défauts; mais ils ont aussi de grandes beautés. Nos productions poétiques sont beaucoup plus châtiées & plus régulieres que celles des Anglois. Mais en général les leurs doivent être plus cadencées & plus remplies de ce feu, de cet enthousiasme qui constitue le caractère de la Poésie, & en particulier celui des Poëtes que je vais faire connoître.

MILTON.

Le *Paradis perdu* de *Milton* est peut-être le seul Poëme anglois où l'on peut trouver dans un parfait degré cette conformité qui satisfait l'esprit, & cette variété qui rejouit l'imagination. Tous les épisodes de ce Poëme sont comme des rayons qui tendent au centre d'un cercle parfait. Quelle eſt la nation à qui l'entrevue d'Adam & de l'Ange ne plairoit pas ? Comment n'être pas charmé des traits hardis avec leſquels eſt repréſenté le caractère rusé, intrépide & impitoyable de ſatan ? Qui n'admireroit pas ſur-tout cette ſublimité & cette ſageſſe avec laquelle *Milton* peint l'Etre ſuprême, & la majeſté avec laquelle il le fait parler. Il ſemble faire un portrait fidéle & parfait de la toute-Puiſſance divine, autant qu'il eſt poſſible à la foibleſſe humaine de s'élever juſqu'à elle au travers de cette pouſſiere, qui comme un nuage nous environne de toutes parts. Les Payens & quelques enthouſiaſtes féroces repréſentent Dieu comme un tyran cruel. Le Dieu de *Milton* eſt un créateur & un juge ; mais ſa juſtice ne détruit point ſa bonté. Son pouvoir ſuprême ne nuit point à la liberté de l'homme. Ses peintures ſont ſi vives, qu'elles enlevent l'ame du lecteur. *Milton* en ce point & en pluſieurs autres, eſt autant au-deſſus des anciens Poëtes, que notre Religion eſt au-deſſus des fables payennes. Mais il a ſur-tout un droit inconteſtable ſur l'admiration univerſelle

universelle des hommes, lorsque de ce haut point où il s'est élevé, il descend à la description naturelle des choses humaines. Où trouver des images plus grandes, plus sublimes, une poésie plus mâle, plus énergique, des idées plus neuves, plus hardies? *Milton* est peut-être celui des Poëtes qui a le plus éprouvé cette ivresse, ce délire poétique qui transporte l'homme hors de lui-même & faisant taire sa raison, ou souvent même en la troublant, lui fait produire presque dans le même moment du sublime & du bizarre. Ce n'est en effet qu'aux écarts d'une raison troublée que l'on peut attribuer la triste extravagance de plusieurs peintures du *Paradis perdu*. Les murailles d'albâtre qui entourent le Paradis terrestre, les diables qui, de géans qu'ils étoient se transforment en pygmées pour tenir moins de place au conseil, dans une grande salle toute d'or, bâtie en l'air; les canons qu'on tire dans le ciel, les montagnes qu'on s'y jette à la tête; des Anges à cheval qu'on coupe en deux, & dont les parties se rejoignent soudain; tant d'autres extravagances n'ont cependant pas empêché qu'on compare *Milton* à *Homere* qui a aussi ses défauts, & qu'on le mette au-dessus du *Dante*, dont les imaginations sont encore plus extraordinaires.

Le *Paradis perdu* fut long-tems négligé à Londres; & *Milton* mourut sans se douter qu'il auroit un jour de la réputation. Ce fut le Lord *Sommers* & le Docteur *Atterbury*, depuis Evêque de Rochester & mort en France, qui voulurent enfin que l'Angleterre eût un Poëme épique. Ils firent faire une belle édition du *Paradis perdu*. Leur suffrage encouragea pour l'entreprise. Depuis M. *Addisson* écrivit en forme pour prouver que ce Poëme égaloit ceux de *Virgile* & d'*Homére*. Les Anglois commencerent à se le persuader, & la réputation de *Milton* fut fixée. Mais en France ce Poëme singulier ne commença à être connu que par la traduction françoise qu'en donna M. *Dupré* de St. *Maur*, Maître des Comptes & depuis l'un des quarante de l'Académie françoise. Cette version parut en 1729. en 3. vol. *in*-12., & l'accueil qu'on lui fit alors, a obligé de la réimprimer plusieurs fois. Quoiqu'en prose, elle est écrite d'un style vif, brillant & qui approche de la poésie. Le traducteur

Du-Pré de St. Maur

n'a pas toujours ſuivi littéralement ſon original. Tantôt il en a adouci quelques traits, tantôt il en a retranché d'autres. Il en a ſupprimé quelques-uns, par exemple, dans le Livre neuviéme où la pudeur n'eſt point aſſez ménagée lorſque le Poëte fait la peinture des plaiſirs que les premieres atteintes de la concupiſcence font chercher à *Adam* & *Eve* après leur chûte. Mais il en reſte toujours aſſez dans la traduction pour faire ſentir que *Milton*, quoique chrétien, n'avoit pas ſur cet article la même délicateſſe que montre *Virgile* dans le cinquiéme Livre de ſon Enéide. M. de St. *Maur* a auſſi épargné au lecteur la plûpart des détails dans leſquels le Poëte entre ſur le chemin que le ſuperflu des alimens prenoit dans les eſprits céleſtes, comment il ſe diſſipoit par la tranſpiration : & il y a d'autres imaginations encore plus extravagantes dans le Poëme anglois, dont quelques-unes n'ont point, avec raiſon, été traduites par l'Ecrivain françois. Il n'y avoit pas lieu de croire que ces ſuppreſſions fuſſent du nombre de ces morceaux que les gens de goût pouvoient regretter ; on s'étoit pourtant trompé dans cette conjecture.

Racine. M. *Racine* le fils n'a pas pensé comme le premier traducteur de *Milton*; il a fait entrer toutes ses beautés & tous ses défauts dans la nouvelle version qu'il nous a donnée de ce Poëte sous ce titre : *le Paradis perdu de* Milton, *traduction nouvelle, avec des notes, la vie de l'Auteur, un discours sur ces Poëmes, les remarques d'Addisson, & à l'occasion de ces remarques, un discours sur le Poëme épique*, en trois volumes *in*-8°. 1755. Le traducteur rend son original avec fidélité. On désireroit seulement plus de force & d'élévation dans son style. Il ne suffisoit pas de traduire *Milton* mot à mot; il falloit lui donner cet intérêt que M. *Dupré* de St. *Maur* a su lui prêter. Aussi sa traduction, quoique moins littérale, est préférable à celle de M. *Racine*.

Le *Paradis reconquis* qu'on trouve à la suite de la traduction de *Racine*, est un autre Poëme de *Milton* mis en
Mareuil. françois par le P. de *Mareuil*, Jésuite, à Paris 1742. *in*-12. Cet ouvrage est bien inférieur au *Paradis perdu*. La fable de ce Poëme n'est pas plus épique que l'action, elle n'a ni fiction, ni nœud, ni incident, ni variété. Les quatre

Chants dont il est composé, ne sont qu'un récit simplement historique, une espèce de paraphrase de ce que l'Evangile nous apprend sur les tentations de Jesus-Christ. Les faits, leurs circonstances, leur arrangement sont les mêmes dans l'histoire que dans le Poëme. De-là, cette monotonie de faits répandus depuis le commencement du Poëme jusqu'à la fin.

Milton jouit d'un honneur dont bien des Ecrivains seroient jaloux. Une Dame a donné parmi nous une imitation en vers de son *Paradis perdu*, c'est Madame du *Bocage* connue avantageusement sur notre Parnasse. Elle a prêté son style au Poëte Anglois, & l'a fait parler avec autant de pureté que d'élégance. Cette imitation se trouve dans le recueil de ses *œuvres* imprimées à Lyon en trois vol. *in*-8°. Bocage.

BUTLER.

Il y a de lui un Poëme traduit en vers françois en 1756. en trois volumes *in*-12. Il s'appelle *Hudibras*. C'est un ouvrage tout comique, & cependant le sujet est la guerre civile du tems de *Cromwel*. Le Poëme d'*Hudibras*, dont je vous parle, semble être un composé de la satyre menippée & de Dom-*Quichotte*. Il a sur eux l'avantage des vers, il a celui de l'esprit. La satyre menippée n'en approche pas ; elle n'est qu'un ouvrage très-médiocre. Mais à force d'esprit, l'auteur d'*Hudibras* a trouvé le secret d'être fort au-dessous de Dom-*Quichote*. Le goût, la naïveté, l'art de narrer, celui de bien entremêler les aventures, celui de ne rien prodiguer valent bien mieux que l'esprit. Aussi Dom-*Quichotte* est lu de toutes les nations, & *Hudibras* n'est guéres lu que des Anglois.

POPE.

Ce Poëte, le premier qui ait réuni en Angleterre la force du style à l'élégance des expressions, est aussi célébre en France que dans sa patrie. " On ,, peut le traduire, disoit M. de *Vol-* ,, *taire* en 1730., parce qu'il est extrê- ,, mement clair, & que ses sujets pour ,, la plûpart sont généraux & du res- ,, sort de toutes les nations. ,, Il a été traduit en effet, & nous avons tous ses ouvrages en françois, imprimés en Hollande en 7. vol. *in*-12. On a rassemblé dans ce recueil, mal digéré, le bon comme le mauvais, & les traductions les plus élégantes, ainsi que les plus plattes.

Une des principales productions de *Pope* est l'*Essai sur la critique*. C'est un Poëme didactique, rempli de préceptes & de regles, où les observations se suivent, comme dans l'Art poétique d'*Horace*, sans cette régularité méthodique qu'on eût exigée d'un Ecrivain en prose. Cet ouvrage a été traduit en françois par M. de *Silhouette* qui s'est attaché à la fidélité littérale & a été imité en vers par Mr. l'Abbé du *Resnel*. Quoiqu'il y ait dans la traduction de celui-ci un très-grand nombre de très-beaux vers, rien néanmoins n'y attache l'esprit, parce qu'on n'y trouve aucun ordre, aucune liaison, aucune analogie dans les pensées; & en cela la copie ressemble parfaitement à l'original.

Silhouete. Resnel.

L'*essai sur l'homme* du même Ecrivain, est bien supérieur à son essai sur la critique par le grand nombre d'idées neuves, élevées, hardies, exprimées d'une maniere vive & énergique, mais quelquefois trop concise, source de fatigue pour le lecteur. Ce qui paroît obscur, n'est peut-être qu'extrêmement profond; & l'on peut appliquer à M.

Pope la réponse que *Socrate* fit à *Euripide*, qui lui demandoit son sentiment sur les écrits d'*Héraclite* : *Ce que j'entends est plein de force, je crois qu'il en est de même de ce que je n'entends pas.* Cette apparente obscurité vient autant du sujet, que de la maniere dont il est traité. Nous avons trois traductions

Silhouette. de cet ouvrage. Celle de M. de *Silhouette* est estimable par la force & par l'élégance de son style.

La traduction en vers par M. l'Abbé

Resnel. du *Resnel*, est une preuve de la ressource qu'un homme d'esprit & de goût peut trouver dans l'élégante clarté & dans la douce énergie de notre langue; mais son but semble avoir été plûtôt de se faire lire par les François qui exigent l'ordre & la clarté dans un ouvrage traduit, que de laisser à son auteur l'air étranger qui ne peut souvent lui être conservé qu'aux dépens de la justesse & de la saine élocution.

Millot. Enfin M. *Millot* a donné une troisiéme traduction de l'*Essai sur l'homme* en 1761. *in*-12. qui passe pour aussi élégante que fidéle.

La *Boucle des cheveux enlevée*, Poëme bien différent de l'*Essai sur l'homme*, eſt parmi les Anglois ce que le *Lutrin* eſt parmi nous ; ſi ce n'eſt qu'il eſt, ce me ſemble, plus enjoué & plus galant. On trouve dans ce petit Poëme de l'invention, du deſſein, de l'ordre, du merveilleux, de la fiction, des images & des penſées ; en un mot, ce qui conſtitue la vraie poéſie. On y remarquera un comique riant, fort éloigné du fade burleſque, des alluſions ſatyriques, ſans être offenſantes, des plaiſanteries hardies ſans être trop libres ; & des railleries délicates ſur le beau ſexe, peut-être plus capables de lui plaire, que toutes les fleurettes de nos Madrigaux & de nos bucoliques modernes.

L'Abbé des *Fontaines* a traduit ce Poëme en proſe, & M. *Deſpreaux*, de l'Académie d'Angers, l'a mis en vers. On trouve ces deux verſions dans l'édition des œuvres de *Pope* que nous avons indiquée. On y trouvera auſſi un grand nombre d'autres ouvrages dont il eſt inutile de faire le détail, parce que ce recueil eſt fort commun.

GLOVER.

Cet auteur eſt connu par un Poëme intitulé *Leonidas*. L'action de ce Roi de Sparte, qui à la tête de trois cents Lacédémoniens, disputa à *Xerxès*, Roi des Perses, le passage des Thermopyles, fit l'admiration de son tems, & passe encore pour un des plus beaux monumens du tendre amour que l'on doit à sa patrie. A l'aide de quelques fictions, cette action héroïque a fourni le sujet de l'ouvrage de M. *Glover*. Ce n'est pas proprement un Poëme épique. Il n'y a ni prodiges, ni enchantemens, ni monstres, ni divinités, ni allégories, & l'on n'y trouve aucune de ces machines qui constituent l'essence de l'Epopée. *Glover*, plus Philosophe que Poëte, a préféré à ce merveilleux qui saisit l'imagination, les idées & les sentimens qui instruisent & qui touchent. Les caractères sont ordinairement assez variés. Celui de *Leonidas* est très-beau, mais en général on trouve dans ce Poëme plus d'esprit que de goût. Il a été traduit en françois en 1737. *in*-12., & cette version a eu moins de succès à Paris, que l'ouvrage original n'en avoit eu en Angleterre.

YOUNG.

Ce Poëte est infiniment célébre parmi nous par ses *Pensées nocturnes*, que M. le *Tourneur* a si bien traduites sous le titre de *Nuits d'Young* 1769. deux vol. *in*-8°. Le faux bel esprit y regne bien souvent, la pensée ne roule quelquefois que sur un jeu de mots; enfin les idées les plus ingénieuses y sont ressassées jusqu'au dégoût. Mr. d'*Young* est comme *Ovide ;* il n'abandonne une figure qu'après l'avoir dépouillée. Malgré cela, il faut convenir qu'on y trouve des élans de génie supérieur en quelque sorte aux forces humaines; on y rencontre plusieurs tableaux admirables tels que la *description de la mort*; *l'épitaphe d'un homme qui quitte le monde, satan sortant de ses prisons au jour du jugement*. L'ame de *Milton* elle-même respire dans ces morceaux & dans un petit nombre d'autres. Le Tourneur.

THOMPSON.

Les *Saisons* de *Thompson* ont autant réussi en France qu'en Angleterre. Les charmes de la vie champêtre y sont peints avec les couleurs les plus vives & les plus naturelles.

POËTES TRAGIQUES ANGLOIS.

Shakespear. *Shakespear*, le créateur du *Théâtre Anglois* & Poëte par la seule inspiration de la nature, a toutes les qualités du génie. Il est original, vrai, sublime, pathétique. Mais, comme jamais l'art & les écrits de l'antiquité ne furent l'objet de ses études, il a aussi tous les vices de l'ignorance & du mauvais goût. Ses Drames sont monstrueux pour la forme, sans unité dans le dessein, sans moralité dans l'action, sans bienséance dans les détails. Son langage est incorrect, obscur, rempli d'expressions populaires; souvent bas dans le familier, & enflé dans le noble. Mais un de ses défauts les plus remarquables, est son goût pour les jeux de mots. Il n'y a rien qu'il ne sacrifie au plaisir de faire une mauvaise pointe. C'est pour lui, dit un de ses commentateurs, la pomme d'or qui le détourne sans cesse de sa route, & lui fait manquer son but.

Dryden. *Dryden* est plus connu & plus estimé que *Shakespear*; il est regardé comme le Poëte le plus fécond de l'Angleterre, mais il eſt plein d'inégalités & de négligences. Il avoit l'eſprit très-facile, & il abuſoit de cette facilité. On a de lui un grand nombre de Tragédies & de Comédies.

Le premier Anglois qui ait fait une piéce raiſonnable, & écrite d'un bout à l'autre avec élégance, eſt l'illuſtre *Addiſſon*. Son *Caton d'Utique* eſt un chef-d'œuvre pour la diction, & pour la beauté des Vers. Le rôle de *Caton* eſt fort au-deſſus de celui de *Cornelie* dans le Pompée de *Corneille*; car *Caton* eſt plus grand ſans enflure & *Cornelie*, qui d'ailleurs n'eſt pas un perſonnage néceſſaire, viſe quelquefois au galimatias. Addiſſon.

Les Poëtes comiques d'Angleterre ſont *Vicherlei* qui connoiſſoit parfaitement les vices & les ridicules du grand monde, & qui les peignoit du pinceau le plus vrai & le plus ferme; le Chevalier *Vambrug* qui a fait des Comédies encore plus plaiſantes, mais moins ingénieuſes; *Congreve* qui n'a fait que peu de piéces, mais toutes excellentes; le Chevalier *Steele* un des auteurs du ſpectateur; *Cibber* moins connu en France, mais eſtimé en Angleterre, &c. &c. &c.

On apprendra à mieux connoître ces auteurs & on lira même une partie de leurs ouvrages dans le *Théâtre Anglois* que M. de la *Place* donna en 1748. en huit vol. *in*-12. Cet ouvrage fait ſur le modèle du *Théâtre des Grecs* du P. *Brumoi*, a été lu avec plaiſir & peut l'être avec fruit par ceux qui veulent travailler pour la ſcène. On ſçait que M. de *V.* a ſouvent imité les Poëtes Anglois & les a même traduits quelquefois. Sa Tragédie de la *mort de Céſar* offre pluſieurs morceaux du *Jules-Céſar* de *Shakeſpear*. Il eſt vrai que ce Poëte a réuni dans cette piéce les puérilités les plus ridicules, & les morceaux les plus ſublimes. M. de *V.* a évité ce bizarre contraſte. Il a fait de la piéce angloiſe le même uſage que *Virgile* faiſoit des ouvrages d'*Ennius*; il a imité de *Shakeſpear* les deux dernieres ſcènes, qui ſont les plus beaux morceaux d'éloquence qu'il y ait au théâtre.

La Place

On peut conſulter encore la traduction auſſi fidéle qu'élégante de quelques Comédies angloiſes que M. *Patu* donna en 1756. Madame *Riccoboni* a auſſi commencé un nouveau *Théâtre Anglois* qui peut beaucoup servir à la connoissance des nouveaux Poëtes dramatiques de cette nation. Sa version est plus fidéle que celle de M. de la *Place*, qui, lorsqu'il trouve dans les productions britanniques des images ou des expressions basses & ridicules, a soin de rectifier l'original.

Autres Poëtes Anglois.

Il est difficile dans un ouvrage aussi serré que celui-ci d'entrer dans un long détail sur tous les fruits du Parnasse Britannique. Ceux qui voudront connoître la plûpart de leurs Poëtes ne manqueront pas de lire l'*Idée de la Poésie Angloise, ou traduction des meilleurs Poetes Anglois, qui n'ont point encore paru en notre langue*, par M. l'Abbé *Yart*, *in*-12. six vol. 1749. 1754. Les changemens que le traducteur a fait à beaucoup de piéces, rend la lecture des ouvrages anglois beaucoup moins désagréable; mais cette réforme empêche qu'on ne se forme une idée juste de la Poésie angloise. Les traducteurs sont comme les peintres de portraits; ils peuvent embellir la copie, mais elle doit toujours ressembler à l'original. Il faut cependant dire pour la justification de M. l'Abbé *Yart* qu'il Yart.

a ſoin d'avertir dans ſes notes des changemens qu'il a faits dans le texte. Ces notes placées au bas de la traduction, ſont peut-être en trop grand nombre ; mais en général la critique qu'elles renferment eſt judicieuſe ; & ſon recueil eſt très-curieux par le choix & par la variété des piéces.

§. IV.

DES POËTES ALLEMANDS.

LA Poéſie de choſes & de ſtyle eſt aujourdhui très-floriſſante en Allemagne. Pendant que l'abus de la Philoſophie, l'eſprit & l'affectation, dit M. l'Abbé *Arnauld*, corrompent la Poéſie parmi nous, elle reſpire la ſimplicité, la nobleſſe, le naturel & la vérité parmi les Allemands. Nous ne peignons que nos idées & nos caprices; ils peignent la nature. Nous ne nous occupons qu'à nous faire voir, qu'à nous faire ſentir ; ils s'oublient entiérement pour ne montrer que la choſe qu'ils imitent. Nous courons après les traits ſentencieux, ils mettent tout en ſentiment.

On a traduit depuis quelque tems

beaucoup de productions des Muses germaniques. Sans parler du *Choix des Poésies Allemandes*, publié par M. *Huber*, en 1766., en 4. vol. *in*-12., & d'un autre choix de *Poésies philosophiques & agréables, traduites de l'Anglois & de l'Allemand*, imprimé à Avignon en 1770. en deux volumes *in*-12.; nous avons beaucoup d'écrits particuliers qu'on a fait passer dans notre langue. Les ouvrages poétiques de M. *Haller* ont paru en 1752. en un vol. *in*-8°. Cet auteur unit les talens de *Lucrèce* & d'*Anacréon*, Poëte philosophe, Poëte sublime, Poëte galant; grand homme dans les différens genres qu'il a cultivés. Haller.

Les *Satyres de Rabener, traduction libre de l'Allemand*, par M. du *Jardin* en 4. vol. *in*-12. en 1754. renferment quelques bonnes plaisanteries & beaucoup plus de froides railleries & de bons mots sans sel.

On a mieux accueilli la *Mort d'Abel, Poëme en cinq Chants traduit de l'Allemand de M. Gessner, par M. Huber*, *in*-12. 1760. Tout est admirable ici, l'auteur & l'ouvrage. L'auteur est un Imprimeur de Zurich en Suisse, qui réunit au talent d'écrire & d'im- Gessner.

primer celui de graver en cuivre. On avoit déjà de lui un Roman pastoral intitulé *Daphnis*, traduit en 1764. en deux vol. *in*-12., avec son Poëme intitulé le *Premier Navigateur*, & des Idiles qui ont été aussi mises en françois. Tous ses ouvrages sont remarquables par ce caractère de vérité, de simplicité & de naturel qui sont le sceau du génie. Le Poëme de la mort d'*Abel*, excellent dans son genre, est au *Paradis perdu* de *Milton* au moins ce que *Télémaque* est à l'*Odyssée*.

On nous a donné aussi la *Mort d'Adam, Tragédie traduite de l'Allemand de M. Klopstock, avec des réfléxions préliminaires*, *in*-12. 1762., par M. l'Abbé *Romans*. Cette piéce est intéressante par le sujet, par la simplicité de l'action & du plan, par la régularité de la marche & par quelques situations touchantes.

Les *Métamorphoses*, *Poëme héroï-comique*, *traduit de l'Allemand de M. Zacarie*, est l'ouvrage de la jeunesse & le coup d'essai d'un Poëte déjà bien connu chez nous, & distingué par ses productions. C'est une satyre ingénieuse sur les coquettes & les petits maîtres, en quatre Chants, & dans le goût de la *Boucle enlevée* de *Pope*.

La *Gazette littéraire*, dirigée par deux hommes d'un sçavoir très-varié & d'un goût très-délicat, renferme divers morceaux, traduits de l'Allemand, dignes d'être lus, & fait connoître d'ailleurs plusieurs Poëtes dont je me dispenserai de parler.

****

§. V.

DES POËTES CHINOIS.

ON nous parle tant de ce peuple depuis quelque tems, qu'il ne sera pas inutile d'indiquer les Livres qui peuvent donner une idée de leur poésie. Je m'arrêterai principalement à l'éloge de la *Ville de Moukden & de ses environs : Poëme composé par Kien-long, Empereur de la Chine & de la Tartarie actuellement regnant, accompagné de notes curieuses sur la Géographie, sur l'histoire naturelle de la Tartarie orientale, & sur les anciens usages des Chinois. On y a joint une piéce de vers sur le Thé, composée par le même Empereur. Ouvrage traduit en françois par le P.* Amiot, *Missionnaire à Pekin, & publié par M.* de Guignes, à

Paris *in*-8°. 1770. Ce livre eſt infiniment curieux par toutes les notions hiſtoriques, géographiques, phyſiques & littéraires ſur la Chine & la Tartarie qu'il renferme, ainſi que par la ſingularité du ſujet, de la matiere & de l'auteur.

Les Chinois ont auſſi des Tragédies; mais elles ſont fort différentes des nôtres. On peut en juger par la piéce intitulée le *Petit Orphelin*, que le Pere du *Halde* nous a donné d'après la traduction du P. de *Premare*. Ce Drame eſt entremêlé de Chants, placés dans les endroits où il s'agit d'exprimer quelque grand mouvement de l'ame. La regle des trois unités n'y eſt pas obſervée; c'eſt une hiſtoire miſe en dialogue, dont les différentes parties ſont autant de ſcènes détachées, qui n'ont d'autre liaiſon que celle qu'ont entr'elles les actions particuliéres expoſées par la ſuite de cette hiſtoire. Il s'agit dans cette Tragédie informe des aventures d'un enfant depuis ſa naiſſance juſqu'à ce qu'il eut vengé ſes parens; ainſi l'action de la piéce dure environ vingt ans. M. de *V.* en a profité dans ſon *Orphelin de la Chine*; mais en corrigeant les irrégularités barbares de l'original.

On pourra prendre auſſi une idée de la poéſie chinoiſe dans une eſpêce de Roman, traduit par M. *Eidous*, ſous ce titre : *Hau-Kiou-choan*, *hiſtoire chinoiſè*, à Lyon 1766. en quatre parties *in*-12. Il y a divers morceaux traduits d'après les Poëtes de la Chine. On y trouve de l'enthouſiaſme, de l'imagination, de l'allégorie, des figures qui rendent le ſtyle plus animé ; mais y trouve-t'on de la majeſté, de la régularité, de la bienſéance ? Il s'en faut bien. L'imagination chinoiſe reſſemble beaucoup à celle des orientaux & n'en vaut pas mieux.

CHAPITRE III.

POËTES FRANÇOIS.

§. I.

Ecrits sur l'Histoire de la Poésie Françoise.

L'Histoire de notre Poésie est intéressante, mais elle nous manque encore, quoique nous ayions plusieurs ouvrages qui en portent le titre. Dans les uns, dit l'Abbé *Goujet*, on se contente d'examiner assez superficiellement son origine, mais on en suit peu les progrès. On abandonne le détail de ses révolutions, ou l'on ne fait, pour ainsi dire, que le montrer. Dans d'autres où le détail est poussé plus loin, & plus circonstancié, on court avec tant de rapidité qu'on ne laisse dans l'esprit du lecteur que des traces légeres qui s'effacent aisément. On aiguise son appétit, & on ne le satisfait point: on amuse plus qu'on n'instruit, on éblouit plus qu'on n'éclaire. Ceux-ci ne nous parlent que des Poëtes qui ont écrit dans un certain genre, ou qui n'ont paru que dans un pays particulier. Ceux-là nous font passer en revue tous les modernes, & oublient les anciens comme s'ils n'avoient jamais été, ou qu'ils ne méritassent point qu'on fît d'eux quelque mention.

Nostradamus ou *Jean de Nostradame*, frere de ce fou qui lisoit l'avenir dans les astres, ouvre la liste de ceux qui ont écrit sur l'origine de notre Poésie. Il tira des archives de divers Monastères, des fables puériles, des contes de vieille, & les publia à Lyon sous le titre de *Vie des plus célébres & anciens Poëtes provençaux* 1515., *in*-12. Il n'y a pas l'ombre de critique dans cette rapsodie, recherchée par les curieux; & il paroît que *Nostradame* l'historien ne valoit pas mieux que *Nostradame* le prophête. **Nostradamus.**

Il faut descendre de l'année 1575. jusqu'en 1706. pour trouver quelque chose de raisonnable sur l'histoire de nos Poëtes. Ce fut dans cette année que l'Abbé *Mervesin*, de l'Ordre de Cluni non réformé, publia son *Histoire de la Poésie Françoise*, *in*-12. Ce livre ne peut être considéré que comme un essai. Il y a des digressions sur les Poëtes Hébreux, Grecs, Romains, sur les **Mervesin.**

Bardes, ſur les Druides ; digreſſions très-inutiles & aſſez inſipides. Ce que l'auteur dit enſuite des troubadours, n'eſt ni aſſez recherché, ni aſſez exact. Enfin lorſqu'il entre en matiere, il bronche très-ſouvent, & ſes erreurs ſont quelquefois groſſieres.

Maſſieu. Cet ouvrage étant fort imparfait, M. l'Abbé *Maſſieu* crut pouvoir en entreprendre un autre ſous le même titre. Il parut après ſa mort en 1739. *in*-12. Ce livre eſt agréable par le choix avec lequel il emploie ce que pluſieurs hiſtoriens ont écrit ſur notre Poéſie, ainſi que par l'élégante ſimplicité du ſtyle. Mais ce qu'il dit des progrès de la Poéſie & du langage, n'eſt pas aſſez développé. Il laiſſe trop à faire aux lecteurs pour démêler les différens degrés de ce progrès. Il eſt tombé d'ailleurs dans pluſieurs inexactitudes.

Goujet. M. l'Abbé *Goujet* les a évitées dans les dix derniers volumes de ſa *Bibliothèque Françoiſe*, qui roulent entiérement ſur l'hiſtoire de nos Poëtes. L'Abbé *Maſſieu* ne s'étoit pas aſſez étendu; l'Abbé *Goujet* eſt tombé dans un défaut tout contraire. Le plus petit rimailleur a une place dans ſon livre, & quelquefois un long article. Le public fut

fut dégoûté des détails ennuyeux qu'un pareil plan entraînoit. Les derniers volumes de la *Bibliothèque Françoise* ne trouverent pas d'acheteurs. L'auteur laissa son ouvrage à *Scarron*. S'il l'avoit conduit jusqu'à nos jours, il est à croire qu'il lui auroit fallu pour les seuls Poëtes françois une trentaine de volumes. Il est d'autant plus fâcheux que l'Abbé *Goujet* n'ait pas su se borner, qu'il étoit très-capable de faire des recherches profondes, & qu'il étoit aussi exact que laborieux. Il a rectifié un assez grand nombre d'erreurs échappées à d'autres Ecrivains, mais sans s'écarter de la modération, qui faisoit son caractère.

M. l'Abbé *Goujet* ne parle pas dans sa *Bibliothèque* des Poëtes dramatiques. Leur histoire avoit été entreprise dès l'année 1734. par Messieurs *Parfait*; ils donnerent successivement 15. vol. sous le titre d'*Histoire du Théatre François*. Ces auteurs méritent sans doute des louanges pour avoir cultivé un champ, qui avoit été jusqu'à eux presque inculte. Ils donnent suivant l'ordre des tems les vies des plus célébres Poëtes dramatiques, des extraits exacts & un catalogue raisonné de

Parfait.

leurs piéces, accompagné de notes. On voit qu'ils possédent parfaitement leur matiere, & qu'ils n'ont rien négligé pour faire des recherches curieuses & exactes. Quant au style, il pourroit y avoir plus d'élégance & d'agrément.

En 1733. un an avant que M. M. *Parfait* publiassent le premier volume Maupont. de leur histoire, M. *Maupont* avoit mis au jour la *Bibliothèque des Théatres, ou Catalogue alphabétique des Piéces dramatiques*. Ce livre orné de diverses anecdotes sur les auteurs, fut bien reçu malgré les bevues de l'auteur qui sont assez fréquentes.

Les *Recherches sur les Théatres de France depuis 1161. jusqu'à présent, par* Beauchamp *M. de Beauchamps*, à Paris 1735. *in*-4°. peuvent être très-utiles à ceux qui aiment ce genre de littérature. L'auteur écrit agréablement, & il seme ses anecdotes de divers morceaux de poésie, qui montrent communément une Muse facile & un heureux naturel.

Nous avons deux Dictionnaires des théatres. L'un par M. M. *Parfait* & d'*Abquerbe*, 1756. 7. vol. *in*-12. a eu peu de succès, parce qu'il y a beaucoup plus de choses ennuyeuses que de traits curieux. L'autre par M. de *Leris* 1763. *in*-8°. eſt mieux fait, & chaque article eſt renfermé dans les bornes convenables. Leris.

A ces deux Dictionnaires on peut joindre l'*Hiſtoire anecdotique & raiſonnée du Théatre Italien depuis ſon établiſſement en France juſqu'en* 1769. en 7. vol. *in*-12. Ce livre contient les analyſes des principales piéces, & un catalogue de toutes celles qui ont été données ſur ce théatre, avec les anecdotes les plus curieuſes & les traits les plus intéreſſans de la vie des auteurs & des acteurs. Il eſt écrit avec liberté, avec gaieté, mais avec trop de prolixité & de négligence. L'auteur eſt certainement un homme d'eſprit, qui ne manque pas de goût; mais il n'eſt pas aſſez difficile.

L'*Hiſtoire du Théatre de l'Opera comique*, publié en 1769. en deux vol. *in*-12. eſt de la même main que la précédente. Mais l'auteur s'étant plus reſſerré, a traité ſon ſujet avec plus de ſécheréſſe.

Ce n'eſt pas aſſez que nous ayions l'*Hiſtoire de l'Opéra comique*, nous avons celle des *Spectacles de la Foire*. Les conquêtes d'*Alexandre* ont produit moins de volumes que le Théatre d'*Arlequin*. Nous sommes très-pauvres dans les grandes choses & très-riches dans les petites.

Dans la foule d'écrits que je vous ai fait connoître sur l'histoire de notre Poésie dramatique, je ne sçais comment l'*Histoire du Théatre François* par M. de *Fontenelle*, a pu m'échapper. Ce petit écrit est un des plus agréables de M. de *Fontenelle*. Ses recherches sont curieuses; ses réfléxions judicieuses; ses anecdotes bien choisies, & le style a ces graces fines & piquantes qui brillent dans tout ce qui est sorti de la plume de cet illustre centenaire.

Fontenelle.

Le *Parnasse françois* de M. *Titon du Tillet* doit terminer cette liste. On sçait que ce célébre amateur des Arts éleva un monument en bronze à la gloire des Poëtes & des Musiciens françois. Ce Parnasse est représenté par une montagne d'une belle forme & un peu escarpée. *Louis XIV*. couronné de laurier, une lyre à la main, y paroît sous la figure d'*Apollon*. On voit sur une terrasse au-dessous d'*Apollon* les trois Graces représentées par Madame de la *Suze*, Madame des *Houlieres*; & Mademoiselle de *Scuderi*. Celle-ci

Titon du Tillet

pouvoit être une Muſe ; mais ce n'étoit certainement pas une Grace, car elle étoit effroyablement laide. Huit Poëtes célébres du ſiécle de *Louis XIV.* occupent une autre terraſſe qui regne autour de la montagne. Viennent enſuite des Génies qui portent des médaillons repréſentant divers Poëtes & Muſiciens. L'auteur de ce monument en a donné une deſcription *in-folio*, dans laquelle il a fait entrer la vie des hommes illuſtres, à la mémoire deſquels il l'a conſacré. Elle a paru ſous le titre de *Parnaſſe François* à Paris en 1732., & l'auteur a publié enſuite divers ſupplémens, qui n'ont pas été à l'abri de toute critique. M. *Titon* du *Tillet* a placé dans ſon Parnaſſe non-ſeulement des Poëtes médiocres, mais même des rimeurs décriés. C'eſt mettre nos grands verſificateurs en mauvaiſe compagnie. Quelques prix d'une Académie de province, quelques vers inſérés dans un journal obſcur, doivent-ils donner l'entrée de l'Hélicon ? Quoi qu'il en ſoit, en blâmant, à quelques égards, le goût de l'auteur, on ne peut que louer ſa belle ame. La poſtérité le mettra au nombre de ces citoyens généreux, qui, malgré une fortune bornée, ont plus honoré & encouragé les lettres, que quelques Souverains.

M. *Titon* ayant autant à cœur la gloire des lettres qu'il l'avoit, il n'est pas étonnant qu'il ait publié après l'impression de son Parnasse, ses *Essais sur les honneurs accordés aux Savans.* Cet ouvrage imprimé à Paris 1734. *in*-12. est curieux; c'est, pour ainsi dire, un abrégé de l'histoire de la Littérature de tous les pays. Il auroit pu néanmoins retrancher plusieurs traits éloignés de son sujet. Les faits nécessaires en auroient été plus liés. A l'égard du style, dit l'Abbé des *Fontaines*, il faut espérer que l'auteur ne sera pas dans la suite indifférent pour les transitions heureuses, ni pour la variété des expressions.

§. II.

POËTES ÉPIQUES FRANÇOIS.

SI j'étois touché, dit quelque part M. de *V.*, du plaisir vulgaire de vanter mon pays aux étrangers, j'essayerois de mettre dans un jour avantageux quelques-uns de nos Poëmes épiques. Mais il faut que j'avoue sincérement que parmi plus de cinquante que j'ai lus, il n'y en a pas un qui soit supportable.

La plûpart de nos anciens rimailleurs n'ont tiré de la trompette héroïque que des sons discordans. Tout le monde cependant vouloit l'emboucher, jusqu'aux esprits les plus froids & les plus lourds.

Le *Clovis* de *Desmarets* offre quelques vers forts & hardis; mais son pinceau inégal & raboteux défigure tous les objets. L'auteur avoit de l'imagination; mais lorsqu'elle l'inspiroit, elle le jettoit dans l'emphase, & lorsque cette imagination lui manquoit, il étoit dur & monotone. Desmarets.

La *Pucelle* de *Chapelain* est au rang de ces vieilles décrépites qu'on n'ose plus regarder. Son style est enflé, son expression dure & gothique, ses descriptions sont basses, ses comparaisons mal choisies à quelques-unes près. Quelques Ecrivains à paradoxes ont voulu rétablir sa mémoire, ou du moins celle de son Poëme. Ils ont cherché quelques pailletes d'or dans ce tas d'ordures, & ce qu'ils en ont trouvé ne vaut pas la peine qu'ils se sont donnée. Chapelain

St. Amant. Le *Moyse* de *St. Amant* n'eſt connu que par les plaiſanteries de *Boileau.*
Scuderi. L'*Alaris* de *Scuderi* eſt auſſi ſottement empoulé que ſon auteur. Le *Jonas inconnu* ſéche dans la pouſſiére. La *Louiſiade* du P. le *Moine* eſt moins mauvaiſe, mais ce Poëme n'eſt pas plus lu que les autres.
Le Moine.

Voltaire La *Henriade* de M. de *Voltaire* eſt peut-être le ſeul de nos Poëmes épiques qui ait réuſſi dans les pays étrangers, & qui ait eu un grand ſuccès en France. C'eſt le premier de ſes titres poétiques. Ce Poëme eſt rempli de beaux & de très-beaux morceaux, de vers très-bien faits, très-harmonieux, de deſcriptions très-touchantes. La mort de *Coligni* eſt admirable. La bataille de Coutras eſt racontée avec l'exactitude de la proſe & toute la nobleſſe de la poéſie; le tableau de Rome & de la puiſſance pontificale eſt digne du pinceau d'un grand maître; le départ de *Jacques Clément* pour aller aſſaſſiner *Henri III.* eſt fort beau; l'attaque des fauxbourgs de Paris eſt très-bien décrite; la bataille d'Ivri mérite le même éloge; l'eſquiſſe du *Siécle de Louis XIV.* dans le VII. Chant eſt d'un peintre exercé; le neuviéme Chant reſpire les graces tendres & touchantes. Est ce assez louer M. de *Voltaire* ? Et sera-t'il permis, après avoir montré les beautés, d'indiquer quelques taches légeres, d'après les gens de goût. Ils trouvent en général dans ce Poëme plus d'esprit que de génie, plus de brillant que de richesse, plus de coloris que d'invention, plus d'histoire que de poésie. Ses portraits, quoique très-brillans, se ressemblent presque tous; l'auteur a puisé toutes ses couleurs dans l'antithèse; il l'emploie par-tout; & l'on pourroit en compter plus de mille. On se plaint eucore qu'il y a un grand nombre de vers qui sont à peine de la prose soutenue; & ceux qui sont réellement beaux ont tant de saillie qu'ils enlaidissent leurs voisins. On voudroit que l'auteur se fût livré plus souvent à son talent dominant, au pathétique; & qu'il n'eût pas étouffé le sentiment par des descriptions. Enfin que n'a-t'on pas dit sur le plan de la *Henriade*; mais un critique ne doit pas tout dire, & à présent que M. de *Voltaire* a fait imprimer son Poëme *in*-4°., après l'avoir corrigé, je défie qu'on y trouve autre chose que de beaux vers. M. de la *Baumelle* doit en donner au premier jour une édition avec des remarques critiques, pleines de goût & de finesse.

La *Colombiade* est d'une Dame qui a plus d'une sorte de mérite, & qui tient une place distinguée parmi les Graces & les Muses. Le défaut général de sa versification est d'avoir plus de douceur que de force; mais ce défaut (puisque je l'ose appeller ainsi) est un mérite dans Madame du *Bocage*; il est une suite de son caractère.

Bo-cage.

On peut avoir de l'esprit, tourner bien quelques vers & faire un mauvais Poëme épique. C'est ce qu'a prouvé M. *Privat* de *Fontanilles*, auteur de la *Malthiade* ou l'*Isle-Adam*. Le plan en est beau, & il y a des morceaux bien frappés. Mais les vers sont durs, le style est incorrect & sans coloris. L'auteur ayant toujours vêcu loin de Paris, n'a pas assez consulté, en écrivant, le goût de la langue, ni la clarté de la construction; & quoique né en Provence, la chaleur du climat a peu opéré sur son imagination, qui est presque toujours froide & timide.

Fon-tanil-les.

On range ordinairement au rang des Poëmes épiques des Romans moraux écrits en prose poétique. *Télémaque* est le premier de tous. L'illustre auteur de cet ouvrage y trace les devoirs des Souverains envers leurs sujets, envers eux-mêmes, envers l'Etre Suprême, avec ces graces qui le distinguent parmi les premiers Ecrivains de son siecle. Plein de la lecture d'*Homere* & de *Virgile*, il écrivoit avec une abondance & une facilité qu'on ne sauroit comprendre, lorsqu'on examine tout le soin que demande une prose harmonieuse. Le *Télémaque*, lu avec délices en France, le fut avec transport par les étrangers. Ils y voyoient avec une satisfaction maligne une satyre indirecte de *Louis XIV*. Les applications qu'on faisoit de chaque leçon de morale de *Fenelon* à la conduite passée, ou présente, de ce Monarque, en rendit la lecture plus piquante. Mais aujourdhui que ce Poëme ne peut fournir des allusions malignes, il est peut-être trop négligé par un certain genre de lecteurs. Quelques Ecrivains modernes l'ont critiqué assez durement. Ils ont prétendu que ce Roman étoit rempli de lieux communs foiblement exprimés; que les descriptions étoient trop longues & trop remplies de petites choses; que les tableaux de la vie champêtre étoient Fenelon.

monotones ; que ses fictions n'étoient pas toujours sensées ; que la passion de *Télémaque* pour *Calipso* étoit aussi froide qu'inutile. Mais ces observations critiques ayant été faites par des auteurs qui avoient intérêt de décrier les Poëmes en prose, parce qu'ils en ont fait en vers, la saine partie de la nation ne s'y est pas arrêtée ; & il est à souhaiter pour la consolation des Rois & pour le bonheur des peuples, que le *Télémaque* soit le bréviaire des Souverains.

Le propre des grands Ecrivains est
Ramsai. d'avoir de foibles imitateurs. *Ramsai*, éleve & ami de *Fenelon*, donna les *Voyages de Cyrus*, roman moral, roman politique, écrit d'une maniere languissante, & où l'auteur étale plus d'érudition que de génie. C'est ce mêlange d'un savoir ennuyeux & le défaut d'imagination, qui ont un peu
Terrasson. décrié le *Sethos* de l'Abbé *Terrasson*, quoiqu'il y ait des portraits & des maximes dignes de *Tacite*.

Après ces romans moraux, ou Poëmes en prose (car on ne sçait pas encore de quel nom on doit les appeller) je n'en connois point qui méritent d'être cités. Nous avons vu la

Christiade en six volumes, par un Chanoine d'Avignon qui avoit travaillé ci-devant à la Gazette de cette ville. Ce Poëme fut sifflé par le public & condamné par le Parlement. L'auteur s'étoit permis des fictions indécentes; & il étoit plus propre à faire des phrases empoulées sur les nouvelles du jour, qu'à tracer, d'une maniere digne du sujet, des événemens inéfables, dont toute la parure est une belle simplicité.

§. III.

DES POËTES TRAGIQUES.

NOtre théatre a été long-tems barbare. Enfin sous *François I.* les Grecs & les Latins sortirent, pour ainsi dire, de leurs tombeaux & revinrent nous donner des leçons. Mais la Tragédie ne ressuscita que sous *Henri II.* La premiere de toutes les Tragédies françoises fut la *Cleopatre* de *Jodelle*. Elle est d'une simplicité convenable à son ancienneté. C'étoit l'enfance de l'art. *Baïf* & *Garnier* qui vinrent peu de tems après, ne réussirent pas mieux. A *Garnier* succéda *Alexan-* Jodellet

Rotrou. *dre Hardi* & à *Hardi*, *Rotrou.* Celui-ci n'étoit pas sans mérite, & M. *Marmontel* a remis au théatre une de ses piéces en 1756.; mais le véritable pere de la Tragédie françoise fut *Corneille*. Corneille

> Ce grand, ce sublime *Corneille*,
> Qui plut bien moins à notre oreille,
> Qu'à notre esprit qu'il étonna;
> Ce *Corneille* qui crayonna
> L'ame d'*Auguste*, de *Cinna*,
> De *Pompée* & de *Cornelie*, &c.

Ce Poëte, dit un auteur moderne, a d'assez grandes qualités, pour qu'on puisse convenir de ses défauts. Ses vers ne sont pas toujours coulans, sa diction est très-incorrecte, son éloquence est quelquefois d'un déclamateur; les plaidoyers qu'on trouve dans quelques-unes de ses piéces ont fait dire qu'il étoit plus fait pour son premier métier (celui d'Avocat) que pour le second; mais au milieu de ses plus grands défauts, il est sublime. Serré & pressant dans le dialogue, pompeux & brillant dans les descriptions, hardi dans les portraits, il offre dans ses belles scènes, une majesté qui impose & une audace qui surprend. L'énergie de son style vient en partie de la profondeur de ses idées & de la force de son ame. Son caractère étoit d'une trempe romaine ; c'étoit *Brutus* ressuscité pour réveiller dans le cœur des François l'amour de la liberté & de la patrie. Dans les éloges que nous donnons à *Corneille* nous avons en vue ses bonnes piéces ; car lorsque l'âge eut glacé son génie, il fut trop au-dessous de lui-même. Aussi on le représente dans le temple du goût.

... Sacrifiant sans foiblesse
Tous ses enfans infortunés,
Fruits languissans de sa vieillesse
Trop indignes de leurs aînés.

Pour lire *Corneille* avec fruit, les jeunes gens doivent acheter ses œuvres avec le commentaire de M. de *Voltaire* ; ouvrage écrit sensément & rempli de réfléxions dictées par le goût.

Plus pur, plus élégant, plus tendre, Racine.
Et parlant au cœur de plus près,
Nous attachant sans nous surprendre,
Et ne se démentant jamais,
Racine observe les portraits
De *Bajazet*, de *Xypharès*
De *Britannicus*, d'*Hyppolite* ;
A peine il distingue leurs traits ;
Ils ont tous le même mérite,

Tendres, galans, doux & discrets
Et l'amour qui marche à leur suite,
Les croit des courtisans François.

Tel fut le rival de *Corneille*, auquel plusieurs Ecrivains le préférent. L'auteur du *Cid* est venu le premier, à la vérité. Il a tracé le chemin; mais *Racine* n'a pas trouvé la route parfaitement applanie. Avoit-on, avant lui, l'idée de ce style doux, harmonieux, toujours pur, toujours élégant, fruit d'un esprit flexible, & d'une oreille sonore? Et si l'art n'existoit pas avant *Corneille*, c'est à *Racine* à qui nous en devons la perfection. Jamais les nuances des passions ne furent exprimées avec un coloris plus naturel & plus vrai; jamais on ne fit des vers plus coulans & en même tems plus exacts. Ils entrent dans la mémoire des spectateurs, dit M. de *V***, comme un jour doux dans des yeux délicats. *Racine* sçait donner de l'énergie à son style, sans lui communiquer de la dureté. Dans *Britannicus* la cour de *Néron* est peinte avec toute la force de *Tacite* & toute l'élégance de *Virgile*. Un grand mérite de cet illustre Ecrivain, c'est que le goût est chez lui le guide du génie. Jamais de sublime hors d'œuvre ; jamais de ces tirades qui sentent le déclamateur ; jamais des dissertations étrangeres au sujet. Si on peut le blâmer de quelque chose, c'est de n'avoir pas toujours mis dans l'amour toutes les fureurs tragiques dont il est susceptible, & d'avoir été foible dans presque tous ses derniers actes. La meilleure édition de ses œuvres est celle que M. *Luneau* de *Boisgermain* a donnée en 1769. en 7. vol. *in*-8°. avec d'amples commentaires.

Cette terreur dont *Racine* a manqué & que *Corneille* n'a pas toujours eu, anime toutes les piéces de *Crebillon*. Crebillon
On dit unanimement, dit M. l'Abbé *Trublet*, qu'il est notre troisiéme tragique ; j'ose dire plus, il est un des trois. Le terrible, le sombre pathétique regne tellement dans ses tragédies, que dès qu'il parut sur la scène, il fut décidé qu'il avoit un genre à lui. C'étoit un homme de génie, ainsi que *Corneille* ; & comme lui, il négligea trop son style. Il est quelquefois plus dur que fort, plus gigantesque que noble. Il tombe dans la déclamation, dans l'amplification. Ses héros sont moins occupés à parler qu'à débiter des

lieux communs empoulés, & à faire de *longues apostrophes aux dieux, parce qu'ils ne savent pas parler aux hommes*. Il auroit été encore à souhaiter que *Crebillon* eût renoncé à ces déguisemens, à ces reconnoissances romanesques qui produisent communément des situations touchantes, mais qui dégradent presque toujours la tragédie. Les ouvrages de M. de *Crebillon* ont été imprimés au Louvre en 2. volumes *in*-4°. : honneur réservé aux grands talens, & qu'on ne pouvoit refuser à un homme qui a donné de nouveaux plaisirs à sa patrie.

Les ames romaines préférent le sublime *Corneille* à tous les tragiques, les cœurs sensibles le tendre *Racine*; les esprits mélancoliques le sombre *Crebillon*. L'un éleve l'esprit, l'autre touche le cœur, le troisiéme l'émeut, l'effraie, le déchire. Mr. de *Voltaire* excite tour-à-tour ces différentes impressions, mais dans un moindre degré. Cependant ayant réuni les trois talens, il plaît à tous les spectateurs, & ses bonnes piéces attirent plus de monde que les meilleures de nos trois Poëtes tragiques. En général, il est plus pathétique; il a mis plus d'action

Voltaire.

ſur le théâtre ; le ſujet de ſes tragédies eſt d'un intérêt plus général ; le moment de la cataſtrophe a quelque choſe de plus impoſant ; il peint avec un coloris plus brillant ; il eſt plus ſententieux & chacune de ces maximes exprime une grande vérité. Il eſt vrai que ces ſentences détachées ne ſont pas favorables à l'attendriſſement, & qu'elles ſont proſcrites par le goût. Mais elles font alluſion à la multitude, qui n'examine pas ſi la piéce eſt bâtie ſur des fondemens ſolides, ſi le dialogue n'eſt pas quelquefois trop coupé ; ſi les mêmes tours, les mêmes antithèſes ne reviennent pas trop ſouvent ; ſi les plans de certaines piéces ne ſont pas copiés chez nos Auteurs ou chez les Ecrivains étrangers ; ſi certains vers ne ſont pas des imitations trop marquées, ou même de ſimples reminiſcences de ceux de *Corneille* & de *Racine*, &c. &c. Le public frappé par le brillant des couleurs, ferme les yeux aux défauts ; & ſi M. de *Voltaire* eſt moins eſtimé que nos trois grands Poëtes, il eſt plus goûté, puiſqu'il eſt plus ſuivi. Il ne fait pas des miracles, dit M. l'Abbé *Trublet*, il fait des preſtiges.

Les grands hommes ont des imita-

Campistron. teurs. *Campistron* le fut de *Racine.* Ses plans sont réguliers, son dialogue & ses caractères bien soutenus. Il y a du pathétique dans certaines scènes, mais point de poésie, point de coloris dans le style, point d'imagination dans l'expression. C'est une diction plus foible que douce, plus pure qu'élégante. Cependant de tous les tragiques du second ordre, il n'y en a point qui ait été plus souvent réimprimé que *Campistron.*

La Chapelle. La *Chapelle* fut encore un de ceux qui se formerent dans l'école de *Racine*; mais le disciple fut très-au-dessous du maître. Ce n'est pas assez d'avoir un modèle; il faut avoir son génie ou quelque étincelle de ce génie.

Thomas Corneille. Thomas *Corneille*, frere du grand *Corneille*, a laissé deux tragédies, le *Comte d'Essex* & *Ariane*, foibles de poésie, mais dont les situations sont touchantes.

Nous n'avons point eu depuis *Corneille* & *Racine* de Poëte tragique de leur force; mais sans parler de M. M. de *Crebillon* & de *Voltaire* qui font une classe à part, nous en avons eu quelques-uns très-supérieurs aux Poëtes contemporains des deux héros de la scène françoise.

Le *Manlius* de la *Fosse* est une piéce digne, à quelques égards, de *Corneille*. La Fosse

L'*Amasis* de la *Grange* est remarquable par le grand intérêt qui y regne; mais elle est remplie d'événemens bizarres & romanesques. La Grange.

L'*Ines de Castro* d'*Houdar de la Motte*, est une piéce très-attendrissante. Elle fut dans le tems très-critiquée & très-suivie. La Motte.

Le *Gustave* & le *Calisthène* de M. *Piron* ont des beautés particuliéres qui décélent un génie original, mais sa versification flatte peu l'oreille, & par conséquent ne va pas au cœur. Piron

Le sujet de *Didon* avoit toujours paru peu dramatique; cependant M. le *Franc* l'a mis sur le théâtre avec un succès distingué. Le style de sa piéce est pur & coulant; mais le défaut de contraste dans les caractères n'en rend pas la lecture aussi agréable que la représentation; & il n'y a pas assez de ces différentes passions qui se croisant les unes avec les autres, produisent l'intérêt qu'on prend à la tragédie. Le Franc

L'*Abensaïd* de M. l'Abbé le *Blanc* est un sujet intéressant, traité par un homme d'esprit, qui sçait nouer une intrigue, préparer une catastrophe, Le Blanc ménager des coups de théatre, tracer des caractères, mais qui ne sçait pas écrire avec cette douceur élégante, qui n'est point incompatible avec la précision & la force.

Chateaubrun. Les *Troyennes*, le *Philotecte* & l'*Astianax* de M. de *Chateaubrun* sont imitées des anciens tragiques grecs & ne sont point indignes de leurs modèles.

La Place. L'*Adele* de *Ponthieu* de M. de la *Place*, renferme de belles scènes, & des sentimens élevés.

Saurin. Il y a dans le *Spartacus* de M. *Saurin* des traits comparables à ceux de la plus grande force de *Corneille*. C'est M. de *Voltaire* qui lui donne cet éloge.

Colardeau. Les piéces de M. *Colardeau* sont très-bien versifiées.

La Harpe. Le *Varvick* de M. de la *Harpe*, piéce bien conduite & bien écrite, fait espérer que ce jeune Poëte, marquera les pas de sa carriere par de nouveaux succès.

Du Belloi. Le *Siége de Calais* de M. du *Belloi*, a intéressé tous les cœurs françois. Cette piéce lui a mérité les applaudissemens du public & les faveurs de la Cour. *Gaston* & *Bayard*, ainsi que *Gabrielle de Vergi*, sont les dernieres piéces de ce Poëte, & ne sont pas les plus mauvaises.

Toutes les tragédies de M. *Marmontel* sont remplies de pensées hardies, d'expressions fortes & de grands sentimens. La versification en est imposante. Mais le plan & la conduite ne répondent pas aux beautés de détail ; & dans ces détails même le déclamateur fait quelquefois disparoître le Poëte tragique. Marmontel.

M. de la *Dixmerie*, en comparant les efforts du génie & du goût dans les Lettres sous *Louis XIV.* & *Louis XV.*, fait dire au Dieu du goût " que notre „ siécle avoit vu faire quelque pas de „ plus à la tragédie ; qu'elle offroit „ une marche plus active, des effets „ plus frappans & un caractère plus „ marqué ; mais qu'il risquoit d'aller „ au-delà, si les auteurs ne s'arrêtoient „ à propos. . . .

Bientôt sur la tragique scène,
L'art tragique s'eclipsera.
Je vois travestir Melpomène
En Machiniste d'Opéra.
Bientôt une ivresse indiscrette
Séduira cent jeunes auteurs.
Je vois pour un seul vrai Poëte
Vingt futiles décorateurs.
Bientôt vos tristes pantomimes
Devront tout au jeu de l'auteur.
Je vois dans ces froides maximes

Un froid & vain déclamateur;
Je vois enfin que toute regle
Sera proscrite désormais;
Et que tel qui prend un vol d'aigle
Ira tomber dans les marais.

Tous les défauts de nos tragiques modernes sont ingénieusement détaillés dans cette tirade agréable. Cette fureur de débiter des maximes dont parle M. de la *Dixmerie*, a infecté tous les genres. *Racine* n'a peut-être pas un vers sententieux; il y en a beaucoup trop dans la plûpart de nos tragédies. D'où vient cela? C'est que d'une part il est aisé de faire des sentences, c'est que d'un autre côté on est assuré que le public les applaudira. Les adages boursouflés sont souvent déplacés, quelquefois faux, rarement neufs. On faisoit autrefois, dit l'Abbé *Trublet*, les vers pour les tragédies; il semble qu'à présent on fasse les tragédies pour les vers.

§. IV.

§. IV.

POËTES COMIQUES.

JE ne remonterai pas à l'enfance de la Comédie parmi nous. Une liſte de Poëtes ignorés & de piéces froides me jetteroient dans des détails fatigans pour moi & ennuyeux pour le public. Je paſſe tout d'un coup à *Corneille*. Nous lui devons la premiere Tragédie ſublime & la premiere Comédie plaiſante qui ayent illuſtré la France. Il débuta à la vérité par des piéces fort inſipides; mais en 1642. il donna le *Menteur*. C'eſt beaucoup que dans un tems où l'on ne connoiſſoit que des aventures romaneſques & de turlupinades groſſiéres, *Corneille* mit la morale ſur le théatre. Ce n'eſt qu'une traduction de l'Eſpagnol, mais c'eſt probablement à cette traduction que nous devons *Moliere*. Il eſt impoſſible en effet, dit M. de *Voltaire*, que cet inimitable Ecrivain ait vu cette piéce ſans voir tout d'un coup la prodigieuſe ſupériorité que ce genre a ſur tous les autres, & ſans s'y livrer entiérement.

Corneille

Moliere. *Moliere* a tracé presque le caractère de tous les originaux qui jouent un rôle ridicule sur la scène du monde. Sa touche est plus forte que fine & délicate ; mais elle est toujours naturelle. Ses peintures sont si vraies, quoique chargées quelquefois, qu'on y reconnoît sans peine les originaux de tous les pays. *Boileau* l'appelloit le *Contemplateur*. La nature, disoit-il, semble lui avoir revelé tous ses secrets, du moins pour ce qui regarde les mœurs & les caractères des hommes. Les plus beaux visages ont quelques taches. *Moliere*, tout admirable qu'il est, n'a ni des intrigues assez attachantes, ni des dénouemens assez heureux. Sa prose est nette, concise, forte, harmonieuse. Ses vers, du moins dans certaines piéces, fourmillent de fautes. Dans d'autres, il est plus pur & plus exact. Le *Misantrope*, les *Femmes savantes*, le *Tartuffe* sont écrits, à peu de chose près, comme les satyres de *Boileau*. L'*Amphitrion* est un recueil d'épigrammes & de madrigaux faits avec un art qu'on n'a pas imité depuis; & ses piéces les plus négligées offrent des vers admirables, pleins de sens & de raison, qui se gravent aussi facilement dans l'esprit que dans la mémoire.

Qui ne se plaît point aux Comédies de *Regnard*, dit M. de *Voltaire*, n'est point digne d'admirer *Moliere*. Né avec un génie vif, gai & vraiment comique, il répandit sur toutes ses piéces le sel de l'enjouement. Son dialogue est plein de feu & de saillies. Dans ses Comédies de caractère, il ne le céde à aucun des comiques anciens & modernes, & dans les petites piéces d'intrigue, la gaieté, qui étoit la partie dominante de son génie, se fait sentir avec tous ses charmes. Regnard.

Le caractère vertueux de *Destouches* est peint dans ses ouvrages. Presque toutes ses piéces sont morales. Il avoit le talent de saisir les traits essentiels d'un caractère & de le peindre des couleurs qui lui sont propres. Les plans de ses Comédies sont tracés avec intelligence, & il y regne en général beaucoup d'intérêt. Le comique en est noble, mais peu gai; & son style est plus pur que saillant. Au reste, *Destouches* connoissoit les bons modèles & savoit les apprécier. Voici une de ses épigrammes qui le prouvera. Destouches.

Plaute vif & brillant a la force comique,
Abondant, varié, mais souvent bas & plat.

Térence, plein de graces, a l'élégance attique
Toujours vrai, toujours noble & souvent délicat;
Mais sans nerf & sans force il fournit sa carriere.
Nature qui laissa l'un & l'autre imparfait
Voulant les réunir dans un même sujet,
Les refondit tous deux pour en faire un *Moliere*.

Destouches tenoit plus de *Térence* que de *Plaute*; mais dans son *Glorieux* & dans son *Philosophe marié*, il y a des choses dont *Moliere* auroit pu se faire honneur.

Piron Une piéce que cet excellent comique auroit avouée avec encore plus de plaisir est la *Metromanie* de M. *Piron*. Cette Comédie, la meilleure qui ait paru depuis le *Joueur* de *Regnard*, est ingénieuse, plaisante, semée de traits neufs, bien conduite & bien écrite. Son succès fut éclatant, & on ne s'en lassera jamais au théatre & à la lecture. Tout y est préparé, amené, contrasté comme dans les ouvrages des plus grands maîtres. Le caractère de *Francaleu* est d'un comique charmant, & les autres personnages de la piéce ne sont pas moins agréables à voir sur la scène.

Voltaire. M. de *Voltaire*, qui, favorisé par la nature des talens les plus opposés, ambitionne toutes les espêces de gloire, a voulu aussi s'exercer dans le genre comique; & si ses Comédies ne sont pas parfaites, elles se font lire avec plaisir. La plûpart ont eu du succès à la représentation. On y reconnoît en général le talent singulier & rare de cet auteur à la légéreté du style, à la vivacité du dialogue, à la finesse de quelques traits & à l'élégance caractéristique de plusieurs vers frappés à son coin. S'il offre quelquefois du bas & du trivial, si quelques-uns de ses rôles sont insipides ou maussadement plaisans comme la Baronne de *Croupillac* dans l'*Enfant Prodigue*; enfin, si parmi d'excellentes plaisanteries, il y en a plusieurs de fausses, il faut excuser ces défauts dans un homme qui a plus cultivé l'art de *Sophocle*, que celui d'*Aristophane*.

Le public étant rassasié des chefs-d'œuvre de nos grands maîtres, on a cherché à ranimer son goût par de nouveaux genres. M. de la *Chaussée* s'est fait un nom par une espêce particuliére de Drames comiques, ou plûtôt attendrissans, qu'il a adoptée & perfectionnée. Ses piéces touchent jusqu'aux larmes. On les a nommées par

Chaussée.

dérifion des *Comédies larmoyantes* ; on auroit dû les appeller des *piéces de fentiment*. L'objet de l'auteur eft d'infpirer la vertu, en déclarant la guerre aux vices de la fociété. Son *Préjugé à la mode* eft à la fois une piéce de caractère & d'intrigue, écrite fupérieurement & remplie de détails agréables & de faillies heureufes.

Boiffi Les Comédies de M. de *Boiffi* font encore d'un goût nouveau. Il s'eft moins appliqué à peindre les mœurs & le fentiment, qu'à fatyrifer nos ridicules paffagers, nos modes nouvelles, enfin ces défauts éphémeres, ces goûts légers & bizarres que le même mois voit naître & mourir. Sa verfification eft égale, fonore, coulante, gracieufe. On trouve dans ces piéces des morceaux très-piquans; mais ils ne tiennent pas affez au fujet, & lui font quelquefois abfolument étrangers.

Marivaux. M. de *Marivaux* a mis dans fes Comédies des idées philofophiques, préfentées d'une maniere neuve, finguliére & agréable. Perfonne ne développe avec plus de fineffe les replis les plus cachés du cœur humain. Il cherche moins à peindre des ridicules, qu'à infpirer l'humanité. On lui a reproché d'être diffus dans ses détails, de disserter un peu trop sur le sentiment, & de risquer quelques mauvaises plaisanteries ; mais en général, il y a peu de Comédies du second ordre où il y ait autant d'agrément & de finesse.

Des peintures naïves du cœur, une diction pure, correcte, élégante, le dialogue le plus vif & le plus décent, caractérisent les piéces de M. de St. *Foix*. Ses plaisanteries ne sont jamais hazardées, & son badinage fait d'autant plus de plaisir, qu'il a toujours l'air naturel, même en offrant les traits les plus ingénieux. Il a le mérite d'avoir créé les sujets de la plûpart de ses piéces, qu'il n'a puisées que dans son imagination. St. Foix.

Notre nation est si riche en auteurs comiques, que nous avons oublié quelques piéces qui méritent l'estime du public, & qui auront celle de la postérité. Telles sont le *Grondeur de Brueys & Palaprat*, & l'*Avocat Pathelin* du premier ; piéces dignes de *Moliere*, dictées par une imagination vive & plaisante. Brueys & Palaprat.

Nous avons encore un grand nombre de Poëtes comiques qu'il suffit de nommer. *Boursault*, auteur du *Mer-*

cure galant ; *Dancourt* qui réussissoit dans la farce ; du *Fresni* dont les comédies sont bien écrites & bien dialoguées ; le *Sage* , le *Grand* , *Poisson* , &c. &c. &c. mais ne confondons point avec ces derniers auteurs l'aimable , l'ingénieux auteur de *Sidnei* & du *Méchant*. Que de beautés de détail dans ces deux piéces , & sur-tout dans la seconde ! Quelle abondance d'heureux tours ! Quelle harmonie dans la versification ! Quel coloris dans les tableaux ! Quelle délicatesse dans les nuances ! Ce qui distingue sur-tout M. *Gresset* des autres Poëtes comiques, c'est l'excellente morale dont il a rempli sa piéce , morale qui n'a pu le rassurer sur les dangers du théatre , parce qu'étant débitée par des hommes qui n'ont que peu ou point de mœurs, elle manque son effet.

Gresset.

Il y a eu dans ces derniers tems plusieurs Drames qui n'ont pas été joués; mais qui méritoient peut-être plus de paroître sur le théatre que tant d'autres piéces froides , ou alambiquées que nous y avons vu. Mr. *Marin* si connu par sa savante & impartiale *Histoire de Saladin* , a consacré quelques-uns de ses momens à composer

Marin.

diverses piéces de théatre & de société, imprimées à Paris en 1767. *in*-8°. On les a lues avec le plus grand plaisir, & elles auroient eu sans doute à la représentation le succès qu'elles ont eu à la lecture. L'auteur a accompagné ses piéces d'observations critiques, où il se censure de la meilleure grace du monde. Un tel procédé étoit digne de lui. Il devoit désarmer la critique & il l'a désarmée. Tous les Journalistes se sont accordés à louer l'ouvrage & l'auteur.

****

§. V.

DES POËTES D'OPÉRA.

C'Est au Marquis de *Sourdeac*, gentilhomme de Normandie, qu'on est redevable de l'établissement de l'Opéra en France. Il s'y ruina entiérément & mourut pauvre & malheureux pour avoir trop aimé les Arts.

La destinée de *Quinault*, le premier Poëte qui travailla avec succès pour la scène lyrique, fut bien différente. Ce fut à ses vers qu'il dut sa fortune. Les étrangers, dit M. de *V.*, ne connoissent pas assez ce Poëte décrié par *Boileau*, Qui-nault.

qui étoit incapable de faire ce que *Quinault* a fait. Personne n'a jamais mieux écrit dans le genre lyrique. Tout chez lui est vif, concis, touchant, naturel & harmonieux. Aucun auteur n'a plus de précision que lui, & jamais cette précision ne diminue le sentiment. Il écrit aussi correctement que *Boileau*, & par-tout on voit l'homme de goût & l'écrivain aussi délicat qu'élégant.

Fontenelle. *Quinault* avoit dit à *Fontenelle* qu'il *seroit son successeur* ; cette prédiction s'accomplit. Nous avons de ce dernier Ecrivain *Thétis* & *Pelée*, Opéra représenté en 1689. ; *Enée* & *Lavinie* en 1690. Le premier eut le plus grand succès ; il le méritoit. La versification avoit tout ce qu'il falloit à ces sortes d'ouvrages, douce, coulante, ingénieuse. Le second, remis en musique par M. d'*Auvergne* & représenté en 1758., n'a pas moins réussi.

La Motte. La *Motte*, l'ami de *Fontenelle*, fut son rival dans le genre lyrique. L'*Europe galante*, *Issé*, le *Carnaval & la folie*, *Amadis de Grèce*, *Omphocle* dureront autant que le théatre pour lequel elles ont été composées. Elles feront toujours partie de ce corps de réserve qu'il se ménage pour les besoins.

Si ses autres Opéra n'ont pas été remis au théatre, c'est la faute de la musique & non des paroles.

Danchet qui travailloit pour le théatre lyrique en même tems que la *Motte*, eut les suffrages des connoisseurs. M. de *Voltaire*, qui d'ailleurs n'aime pas *Danchet*, ne peut s'empêcher de louer ses opéra. Son prologue des Jeux séculaires au-devant d'*Hésione*, passe, dit-il, pour un très-bon ouvrage, & peut être comparé à celui d'*Amadis* de *Quinault*. Danchet.

L'Abbé *Pellegrin*, trop décrié de son tems, tems de richesse du moins pour le genre lyrique, brilleroit de nos jours où nous sommes réduits, à cet égard, à la plus grande pauvreté. Il fut le premier juge du génie du célébre *Rameau*. Les paroles d'*Hypolite* & d'*Aricie* sont de lui. Son opéra de *Jepkté* n'est pas méprisable; il s'en faut de beaucoup. Pellegrin.

Le Ballet des *Élémens*, celui des *Sens* & la tragédie de *Callirhoé* sont les trois opéra qui ont le plus contribué à faire connoître le nom du Poëte *Roi* sur la scène lyrique. Le commencement du prologue des *Élémens* est un morceau de poésie majestueuse. Il y a d'autres Roi.

tirades inſpirées par les Muſes. Mais en général ſon pinceau eſt ſec & froid.

Cahuſac. Le célébre *Rameau* préféroit aux Poëmes de *Roi* ceux de *Cahuſac*, dont les talens étoient inférieurs, mais qui avoit peut-être plus de docilité pour ſe prêter aux caprices du muſicien.

Voltaire. M. de *Voltaire* a auſſi composé des opéra; mais les lauriers qu'il a recueillis ſur la ſcène lyrique, n'ont point la fraicheur de ceux dont il a été couronné pluſieurs fois ſur la ſcène tragique. Il a eu la modeſtie de l'avouer. „ J'ai fait, dit-il, dans ſes *Lettres ſecrettes*, une grande ſottiſe de compoſer un opéra; mais l'envie de travailler pour un homme comme M. *Rameau*, m'avoit emporté. Je ne ſongeois qu'à ſon génie & je ne m'appercevois pas que le mien (ſi tant eſt que j'en aie un) n'eſt point fait du tout pour le genre lyrique. Auſſi je lui mandois, il y a quelque tems que j'aurois plûtôt fait un Poëme épique que je n'aurois rempli des canevas. Ce n'eſt pas aſſurément que je mépriſe ce genre d'ouvrage; il n'y en a aucun de mépriſable; mais c'eſt un talent qui, je crois, me manque entiérement. „

De nos jours M. M. *Fuselier*, *Duclos*, *Moncrif* & quelques autres, parmi lesquels il ne faut pas oublier l'auteur de *Castor & Pollux*, M. *Bernard*, ont travaillé pour le théatre lyrique; & comme la gloire de leurs ouvrages est indépendante de nos éloges, nous nous contenterons de les citer. Nous finirons par exhorter ceux qui travailleront après ces hommes illustres, de ne pas marcher toujours sur les traces de *Quinault*. A la bonne heure qu'on imite son style, si on a assez de talent pour joutter contre lui; mais qu'on ne prêche pas comme lui ces dogmes de galanterie, qui sont l'ame de nos Poëtes chantans. L'amour voluptueux énerve les esprits ainsi que les corps. Il est tems que des passions plus nobles donnent le mouvement à nos tragédies lyriques. Il est tems que les Poëtes abjurent ces maximes corruptrices, qu'on masque du voile de la délicatesse & du sentiment.

Fuselier. Duclos. Moncrif. Bernard.

On peut donner les mêmes avis aux auteurs des *Opéra comiques* : genre d'ouvrage dont nous dirons un mot en passant. C'est un Drame mixte qui tient à la Comédie par le fond, & qui s'approche de l'opéra pour la forme. M.M.

Panard, *Vadé*, *Favart*, *Voisenon*, *Sedaine*, *Marmontel* ont donné à l'opéra comique des piéces qui ont été courues, & dont plusieurs morceaux font honneur à leur goût.

Vadé. *Vadé*, que nous venons de citer, fut long-tems l'idole de certains spectateurs. La gaieté de son caractère le porta à un genre singulier, dont il fut le créateur. Il saisit avec la vérité la plus frappante le jargon poissard & les mœurs de la derniere classe du peuple. Il les représenta fidélement dans ses *Opéra comiques*, dans ses *Bouquets poissards* & dans d'autres piéces recueillies en trois vol. *in*-8°. Ces différentes productions plaisent à ceux qui aiment à retrouver la nature dans sa plus grande négligence ; mais il ne faut pas le lire de suite. La continuelle répétition d'un langage naïf, mais grossier, fatigue ceux qui ont le goût délicat.

§. VI.

POËTES BUCOLIQUES.

TRois auteurs ont couru la carriere de l'Eglogue françoise, *Segrais*, *Fontenelle*, & la *Motte*. Segrais.

Le premier a été cité par *Boileau*, comme un modèle en ce genre; mais c'est un modèle que bien peu de gens de lettres seront tentés de prendre pour leur objet d'imitation. Ce n'est pas que *Segrais* n'ait assez bien pris le ton pastoral; mais sa versification est languissante & sa poésie est sans images.

Il n'y en a pas davantage dans les Pastorales de M. de *Fontenelle*. " Quel Fontenelle.
„ style, dit l'Abbé *Desfontaines*, dans
„ les Bucoliques de *Virgile*! Quel lan-
„ gage romanesque & prosaïque que
„ celui de toutes nos Eglogues moder-
„ nes! ôtez-en les mots de hameaux,
„ de brébis, de fleurs, de bois, de
„ fontaines; & substituez-y ceux de
„ Versailles, de Paris, d'Opéra, de
„ Thuilleries, de bal, &c.: ce ne
„ seront plus des Eglogues, mais des
„ entretiens de cour & des discours de
„ ruelle. „ Notre critique avoit en vue

les Pastorales de *Fontenelle*, qui ne sont à la vérité ni dans le goût de *Théocrite*, ni dans celui de *Virgile*. Mais il ne faut pas pour cela les dédaigner. C'est un nouveau genre pastoral qui tient un peu du roman. L'*Astrée* d'*Ursé* & les Comédies de l'*Aminte* & du *Pastor fido* en ont fourni le modèle. L'esprit de galanterie, les graces fines & délicates sont les principaux ornemens des *Pastorales* de *Fontenelle*.

La Motte. La *Motte* a laissé vingt Eglogues, précédées d'un discours sur ce genre, où l'on trouve des idées neuves. Quant aux Eglogues, plusieurs avoient été couronnées aux Jeux floraux. Il y a de la douceur dans sa versification & de l'esprit dans les entretiens des bergers. Ils se disent souvent des choses fines, qui ne sont guéres à leur portée, mais qui couloient de source chez l'auteur qui les fait parler.

Les Idilles françoises peuvent être rangées dans le genre pastoral. Personne n'a mieux réussi que Madame

Des Houlieres. des *Houlieres*. Ses Idilles sur les fleurs, sur les oiseaux, sur les moutons, offrent de rians tableaux de la campagne, une morale touchante, un badinage qui cache des idées très-philosophiques, une verſification aiſée & des tours heureux dans les expreſſions. On a prétendu que les efforts continuels qu'elle fait pour démontrer l'impuiſſance de la raiſon, ne ſont propres qu'à énerver l'ame, & à la priver de cette force, de cette énergie qui enfante les vertus. Cette idée nous paroît plus ſubtile que vraie.

****

§. VII.

POËTES SATYRIQUES.

REgnier, le premier Poëte françois qui ait composé des Satyres, dont les gens de goût puiſſent ſoutenir la lecture, met beaucoup de force & de gaieté dans ſes peintures. Ses expreſſions ſont vives & énergiques ; mais ſa Muſe n'eſt pas décente. L'auteur, quoique Eccléſiaſtique, fréquentoit les réduits de la débauche, & il en avoit rapporté un langage qui a paſſé dans ſes Satyres. Il enſeigne le vice, en dépeignant les vicieux. **Regnier.**

Boileau, beaucoup plus réſervé que *Regnier*, a moins de verve que lui, moins de naïveté, moins de graces. Ses Satyres ont plus de ſel, que d'en- **Boileau.**

jouement, plus d'énergie que de finesse. Mais sa versification est autant au-dessus de celle de *Regnier* que le siécle de *Louis XIV*. étoit au-dessus du siécle de *Henri III*. Si toutes les Satyres de *Boileau* ressembloient à celle qu'il a adressée à son esprit, il auroit égalé *Horace* autant qu'on peut l'égaler dans une langue si inférieure à la langue dans laquelle *Horace* écrivoit. Cette satyre est un chef-d'œuvre. La justesse du raisonnement, la force des pensées, l'élégance du style, l'harmonie des vers, les graces de l'ironie la plus piquante & la mieux menagée, en rendent la lecture délicieuse.

Depuis *Boileau*, nous n'avons point eu de Poëte, du moins célébre, qui ait donné un corps de Satyres. Mais nous avons eu beaucoup d'Ecrivains satyriques qui ont épanché leur bile dans diverses piéces en vers. *Rousseau* & M. de *Voltaire* sont les plus connus dans cette foule immense.

Rousseau.

Le premier respire le fiel, & on ne peut citer de lui que quelques Epigrammes, qui soient dignes d'un homme d'esprit qui se venge. Dans ses Epitres on voit trop souvent l'homme atrabilaire, qui n'ayant pas assez de philosophie pour maîtriser son ressentiment, saisit les injures les plus fortes qui se présentent à sa plume pour en accabler ses ennemis.

M. de *Voltaire* est plus gai ; il excelle par l'art de saisir tout ce qui peut rendre ses adversaires ridicules. Il a un genre d'ironie & de plaisanterie qui n'est qu'à lui ; mais il sort souvent de ce genre. Il se permet les personnalités les plus odieuses ; & il calomnie les mœurs de ceux qui n'avoient attaqué que ses écrits. Il est sans doute douloureux d'avoir à faire cet aveu sur un homme justement célébre par plus d'un talent. Il s'en fâchera sans doute ; mais pour le consoler, nous lui permettons de nous placer dans la premiere diatribe qu'il donnera au public. Voltaire.

Que dirons-nous de la *Dunciade* qui a irrité tant d'auteurs ? La louer ce seroit nous attirer le blâme de tous ceux que M. *Palissot* a satyrisés. La censurer, ce seroit flatter les ennemis de cet Ecrivain qui en a beaucoup. Nous nous tairons & nous exhorterons les auteurs à n'être pas le jouet de ce public, dont ils devroient être les maîtres. Palissot.

§. VIII.

POËTES LYRIQUES.

NOs faiseurs d'Odes datent presque du moment que nous avons eu une Poësie. Mais de tous ces Lyriques, on ne se souvient que de *Ronsard*, encore ce souvenir rappelle beaucoup de ridicule. Ce Poëte trouvant sa langue peu riche en expressions nobles & en grandes images, la surchargea de latinismes & d'hellenismes. Ce mêlange de mots grecs & latins avec le jargon barbare qu'on parloit alors, produisoit des sons aussi aigres que ceux dont les onagres font retentir les montagnes des Pyrénées.

Ronsard.

Malherbe

Enfin *Malherbe* vint. Il fut le premier qui connut le génie de sa langue. Il sçut la manier en homme de goût. Il la débarrassa de tout le fatras gothique dont elle étoit accablée. A la place de ce pompeux galimathias, qui étoit le sublime de nos vieux rimailleurs, il mit un style noble, doux, majestueux. Il donne à notre langue de la clarté, de la douceur, de l'élégance. Il fut le pere de notre Poësie. Ses Odes étoient le seul modèle, qu'un homme de goût pût imiter avant le milieu du dernier ſiécle.

Rouſſeau ne le perdit pas de vue. La Poéſie lyrique eſt le triomphe de cet Ecrivain. Ses Odes ſont pleines d'idées, de tours, d'expreſſions, d'images dignes d'un rival de *Pindare*. Nous n'avons point de Poëte plus Poëte que *Rouſſeau*; c'eſt-à-dire, qui ait porté à un ſi haut degré le talent de réunir dans une verſification harmonieuſe & pittoreſque les charmes de la Muſique & de la Peinture. Quelle richeſſe de rimes! Quelle nobleſſe de penſées! Quel feu! Si l'on peut lui reprocher quelque choſe, c'eſt d'avoir été emporté quelquefois par l'amour de la rime, à l'exactitude de laquelle, il a ſacrifié de véritables beautés. C'eſt à cette exceſſive & ridicule attention de rimer exactement qu'on attribue quelques longueurs, quelques répétitions, quelques lieux communs qu'on trouve dans ſes Odes. On déſireroit auſſi que ces hardieſſes d'enthouſiaſme que trop de correction affoiblit, ce premier coup de pinceau, qui donne la vie au tableau, ſe rencontraſſent plus ſouvent chez lui. Rouſſeau.

On les chercheroit encore plus inu-

La Motte. tilement dans les Odes de la *Motte*. Les idées de cet Ecrivain sont toujours fines; mais ses expressions sont presque toujours communes. Au lieu d'images, il y a des traits d'esprit. Il ne connoît pas ce beau désordre du génie qui est l'ame de la Poésie lyrique. Son style est trop souvent sec, froid, didactique. Mais ses défauts sont compensés par des pensées neuves, par des réfléxions ingénieuses, par des maximes philosophiques propres à diriger le sage, à l'éclairer, à le consoler.

La Visclede. Celui qui a le plus approché du genre de la *Motte* est M. de la *Visclede*, Secrétaire de l'Académie des Belles-Lettres de Marseille, enlevé aux lettres & à l'amitié depuis quelques années. Il y a de très-belles Odes morales de cet Ecrivain aimable & estimable. Il est, ainsi que son modèle, trop méthodique dans son ordonnance & trop uni dans ses expressions; mais ses vers sont travaillés, & la précision qu'ils ont communément donne plus de force aux vérités morales qu'ils renferment: vérités qui aux yeux des hommes vertueux valent bien les fictions poétiques. L'Ode *sur l'immortalité de l'ame* couronnée en 1759. par l'Académie Françoise, est une des plus belles de M. de la *Visclede* ; mais ce n'est pas la seule qu'on connoisse de cet ingénieux Académicien.

Le Franc Les Odes de M. le *Franc de Pompignan* sont remplies de beautés vraiment lyriques ; & quoiqu'on ait beaucoup critiqué ses *Poésies sacrées*, il y a des morceaux dignes de *Rousseau*. Si la versification, dans d'autres tirades, est dure & foible, il faut espérer que ce défaut disparoîtra dans les nouvelles éditions de ses poésies, qui seront souvent réimprimées.

Bologne. M. de *Bologne* a donné en 1758. *in*-12. des *Odes sacrées* qui ont été accueillies. L'heureux choix des mots & des images rend ce petit recueil précieux.

Sabatier. M. l'Abbé *Sabatier*, professeur au Collège de Tournon, est justement célébre par les Odes nouvelles qu'il publia en 1766. *in*-12. Il a très-bien connu l'esprit du genre lyrique. La magnificence du style & l'audace des figures brillent dans ses Odes. Son style vif, pressé & impétueux, respire ce beau désordre qui est un effet de l'art. Depuis *Rousseau*, aucun Poëte n'avoit touché la lyre avec plus de succès.

L'auteur réunit la ſageſſe des plans & la chaleur de l'exécution, l'enthouſiaſme & la philoſophie.

Nous n'avons eu en vue que de parler ici des Lyriques qui ont donné un recueil de leurs Odes ; ainſi nous paſſerons ſous ſilence les Odes de *Racine* pere & fils, quoiqu'elles ſoient dignes d'être connues ; l'Ode ſur la priſe de Namur par *Boileau*, qui prouve qu'on peut très-bien ſentir les beautés de *Pindare* ſans ſavoir les imiter ; les Odes de M. de *Voltaire* qui ne ſont pas ſes meilleurs ouvrages, &c. &c.

Les chanſons rentrent dans le genre de l'ode. Le nombre en eſt immenſe, & nous en avons de recueils auſſi volumineux que l'*Hiſtoire ancienne*. Le meilleur & le plus court eſt intitulé : *Anthologie Françoiſe*, ou *Chanſons choiſies publiées par M. Monet* 1765. trois vol. *in*-8°. Il y a réellement du choix dans ce recueil, & le Mémoire hiſtorique ſur la chanſon dont M. de *Querlon* l'a orné, ſuffiroit ſeul pour le faire rechercher.

Les cantates ſont ainſi que les chanſons l'ouvrage de la Poéſie & de la Muſique ; mais elles ſont ſuſceptibles de bien plus de beautés. *Rouſſeau* en eſt le

Rouſſeau.

le créateur. Les Italiens lui en avoient à la vérité donné l'idée ; mais il a surpassé ses maîtres, en faisant des Poëmes réguliers, aussi agréables à la lecture que le meilleur Opéra est ennuyeux.

M. le *Franc de Pompignan* qui a marché sur les traces de *Rousseau* dans ses odes, l'a aussi imité dans ses cantates. Nous en avons de lui qui sont susceptibles de tous les charmes de la Musique. La plûpart ont reçu cet ornement. La poésie en est noble & harmonieuse. Pompignan.

++++++++++++++++++++++++++++++++

§. IX.

POËTES DIDACTIQUES.

BOileau est à la tête de cette classe de Poëtes. Son *Art Poétique* offre l'exemple & le précepte à la fois. Il est supérieur par la méthode qui y regne à celui d'*Horace* ; & lorsqu'il imite ce Poëte, il semble moins copier ses pensées que les créer. Boileau.

Racine le fils a chanté la *Grace* & la *Religion* dans deux Poëmes, pleins de beaux vers. Le second vaut mieux que le premier. Il est rempli de détails heu- Racine.

reux ; & quoique M. de *V.* l'ait trouvé trop peu varié, il faut avouer que l'auteur a tiré tout le parti possible de son sujet. Il entendoit la méchanique des vers aussi bien que son pere ; mais il n'en avoit pas l'ame, & ce défaut de chaleur répand de la langueur sur ses ouvrages.

Voltaire. Le Poëme de la *Loi naturelle* par M. de *Voltaire* est au rang des Poëmes didactiques. On y désireroit un ordre plus sensible, des raisonnemens plus conséquens, une versification plus exacte, une poésie plus harmonieuse. Il y a une Epître du même auteur qui renferme plus de venin encore que son écrit sur la *Religion naturelle*, & le poison est bien plus habilement préparé. Il n'est pas possible de trouver des vers plus doux, plus coulans, plus sonores.

Il est malheureux qu'on ait fait un Poëme de l'*Art d'aimer*. Nous en avons un sous ce titre qui a été plusieurs fois réimprimé. Il est plus décent & plus méthodique que celui d'*Ovide* ; mais *Ovide* a bien plus de graces, plus d'esprit, plus d'imagination.

Watelet. L'*Art de la Peinture* par M. *Wattelet* est d'un homme qui sçait manier le pinceau, le burin & la lyre. De beaux vers ornent ses leçons & embélissent ses préceptes. On fait le même éloge d'un Poëme sur le même sujet par M. le *Mierre*; mais s'il y a plus de poésie, il y a moins d'ordre que dans celui de M. *Wattelet*. Le Mierre.

Les *Saisons* par M. de St. *Lambert*, offrent à la fois les charmes touchans de la poésie & les beautés nobles de la philosophie. St. Lambert.

Le Poëme de M. *Dorat* sur la *Déclamation théatrale*, est plein de chaleur & d'intérêt. Son style est fleuri, abondant; ses tableaux sont rians, ses comparaisons heureuses, ses expressions bien choisies. Dorat.

Un grand Roi, célébre par plusieurs victoires, a chanté l'art de la guerre, art qu'il n'a pas étudié en vain. Ce Poëme, traduit en plusieurs langues, respire le génie, même dans les endroits, où l'illustre auteur a négligé de donner à sa versification, cette douceur, cette mollesse élégante, que son sujet ne comportoit peut-être pas. Le R. de Prusse

Les Epîtres philosophiques, les Epîtres morales appartiennent au Poëme didactique. *Boileau* nous a laissé d'excellens modèles des unes & des autres. Le style & la versification de ce genre Boileau.

d'épîtres, doivent être énergiques sans être durs. Telle est la diction de *Boileau*. Il instruit en badinant, & lorsqu'il n'est que sérieux, ses pensées frappent par leur vérité. Elles sont également propres à former le goût & les mœurs.

Voltaire M. de *Voltaire* a choisi dans ses Epîtres des sujets très-intéressans, & il les manie avec cet art & cette adresse qui l'a mis au rang de nos plus beaux esprits. Sa philosophie n'est point une dialecticienne pointilleuse; c'est une grace enjouée qui répand les agrémens sur ce qui en paroît le moins susceptible. Il seroit à souhaiter qu'il eût quelquefois mieux caché sa façon de penser sur certaines matieres, & qu'il eût respecté tout ce qui est respectable.

Rousseau. *Rousseau* a des Epîtres pleines d'un grand sens, & où l'on trouve des vers très-énergiques; mais elles sont défigurées par le style marotique, & par des images grotesques qui font un contraste singulier avec les réfléxions que lui dicte sa raison.

Gresset. Quelques Epîtres de Mr. *Gresset*, telles que celle à sa Muse ont plus de graces; le badinage n'en est point amer. Tout y respire l'homme d'esprit, l'homme aimable & le bon citoyen.

M. de la *Harpe* a fait imprimer dans ses *Mêlanges littéraires* des Epîtres, où il imite le ton de celles de M. de *Voltaire*, sans le copier. Il parle à l'imagination autant qu'à la raison, & sa philosophie est toujours ingénieuse. La Harpe.

§. X.

POËTES ÉLÉGIAQUES.

NOs anciens Poëtes cultiverent ce genre de poésie ; mais aucun ne mérite d'être nommé. *Menage*, vers le milieu du dernier siécle, fit des Elégies, mais en pédant sans génie, qui entasse les épithètes, au lieu de rassembler les images. Menage.

Madame la Comtesse de la *Suze* effaça ce mauvais Poëte. Ses Elegies sont tendres & délicates. Celle que la *Fontaine* fit sur la disgrace de M. *Fouquet*, a des beautés touchantes, & on y voit avec plaisir un Poëte sensible, un homme généreux, qui ne craint point de déplorer la disgrace d'un protecteur qui avoit déplu à un Monarque très-puissant. La Suze. La Fontaine.

L'Elegie fut maniée ensuite par bien des Poëtes, mais placés la plûpart dans la derniere classe du Parnasse, si l'on en excepte Madame des *Houlieres*. Quelques-unes de ses Elégies peuvent servir de modèle. On y trouve des comparaisons heureuses qui ne servent qu'à irriter sa douleur, des images tristes, dont la recherche n'est que trop naturelle à une personne véritablement touchée. Elle semble prendre plaisir à augmenter ses peines, en envisageant tous ceux qui jouissent des biens qu'elle n'a plus.

Des Houlieres.

De nos jours, l'Héroïde a pris la place de l'Elégie. L'*Epitre d'Heloise à Abailard* par M. *Colardeau*, a tourné beaucoup de nos jeunes Poëtes vers ce genre, qui demande beaucoup de chaleur dans l'ame & dans l'imagination de ceux qui s'y destinent. L'ouvrage de M. *Colardeau* est plein de feu, & la poésie en est à la fois brillante & pathétique.

Colardeau.

On connoît l'abondance heureuse du style de M. *Dorat*. Ses héroïdes se ressentent de cette qualité, qui lorsqu'elle n'est point dirigée par le goût, peut devenir un défaut. Il joint toujours l'esprit au sentiment, sans que l'un affoiblisse l'autre.

Dorat

Nous avons de M. *Blin* de *Sainmore* quatre Héroïdes recueillies en 1768. *in*-8°. Son pinceau eſt meilleur & reſpire les graces. Sainmore

M. de la *Harpe* a couru dans ſa premiere jeuneſſe la carriere de la Héroïde ; & lorſqu'il fit imprimer les ſiennes, il ſe permit de critiquer ſévérement celles de M. de *Fontenelle*, dont je n'ai point parlé. La raiſon de mon ſilence eſt que je penſe à peu près ſur les piéces de cet ingénieux philoſophe comme M. de la *Harpe*. Il regne un froid & ſec entortillage dans les Lettres héroïques de *Fontenelle* ; ſon ſtyle eſt ſans chaleur & ſans images. On peut dire à la louange de ſon critique, qu'il ne l'a pas imité dans ſes défauts. La Harpe. Fontenelle.

Le ſtyle de M. *Barthe* dans ſon héroïde de M. l'Abbé de *Rancé*, eſt noble, animé, plein de force. Pluſieurs autres Poëtes ont cultivé le champ fécond de l'Epître héroïque ; mais il eſt à craindre que la facilité apparente que ce genre promet à un génie médiocre, ne dégoûte le public de ce genre qui demande une ame très-ſenſible & un goût très-délicat. « Un écolier à peine échappé à la férule, dit » M. *Dorat*, & plein de cette effer- Barthe.

„ vefcence enfantine, qu'il nomme „ imagination, choifit un fujet quelconque. Il raffemble au bout l'un de „ l'autre trois ou quatre cens vers bien „ lâches, bien diffus, bien platement „ funéraires. Il y joint l'*Eftampe*, la „ *Vignete* & le *cul de lampe*, & cela „ s'appelle une héroïde. „

****

§. XI.

ÉPIGRAMMATISTES FRANÇOIS.

Marot. CLément *Marot* eft le premier en datte & peut-être en mérite. Sa Mufe a du naturel, de l'enjouement, de l'énergie ; mais elle fe permet des libertés dignes d'un cynique.

St. Gelais *Saint Gelais*, fon contemporain, dit des chofes fort communes en rimes riches. Quelques-unes de fes Epigrammes font bonnes, mais la plûpart mauvaifes.

Mainard. La clarté & la précifion font le mérite des poéfies de *Mainard* ; mais on y défireroit plus de pureté dans le ftyle & plus de fineffe dans les penfées.

Brebeuf. *Brebeuf* a des Epigrammes dignes de *Martial*. Nous en avons cent de lui fur une femme fardée & la plûpart font agréables.

Le chevalier de *Cailli* a laissé un recueil d'Epigrammes. Son style est naturel, mais foible. Il y en a pourtant qui réunissent l'esprit & la naïveté. Presque toutes sont morales. Cailli

Les Epigrammes de St. *Pavin* sont heureuses pour le tour ; mais les expressions n'en sont pas toujours décentes. St. Pavin

Chapelle a aussi quelques Epigrammes, dont la pointe est assez piquante. Chapelle.

Racine avoit un talent particulier pour ce genre, mais nous n'avons qu'une très-petite partie des Epigrammes, que son génie naturellement satyrique avoit produites. Racine.

Boileau a conservé soigneusement les siennes ; le plus grand nombre ne méritoit pas cet honneur, & il valoit mieux comme satyrique que comme épigrammatiste. Boileau.

Rousseau lui est infiniment supérieur ; & si l'on excepte *Marot*, son modèle, il n'a point d'égal dans le genre de l'épigramme. Une expression forte & énergique, des tours originaux, une pointe bien amenée caractérisent ordinairement les siennes. Nous parlerons ailleurs de celles qui ne sont pas simplement satyriques. Rousseau.

Bruzen de la *Martiniere* avoit donné un *recueil des Epigrammatistes françois* en 2. vol. *in*-12. Cette collection a été recherchée ; mais on lui préfére aujourdhui l'*Anthologie françoise*, ou *recueil de Madrigaux & d'Epigrammes depuis* Marot *jusqu'à présent* ; Paris, 1769. 2. vol. *in*-12.

§. XII.

DE L'APOLOGUE & caractère des différens Fabulistes François.

LA Fable est une instruction déguisée sous l'allégorie d'une action, suivant la définition d'un homme d'esprit. *Esope*, l'inventeur de l'Apologue, ne prit d'abord pour acteurs que des animaux. Le tableau de leurs ruses & de leurs finesses, étoit un miroir dans lequel l'homme se voyoit tout entier. Les fables d'*Esope* ont été traduites dans toutes les langues en vers & en prose. L'on a déja fait connoître *Phédre* qui l'imita parmi les Latins dans l'article des Poëtes que Rome a produits. Les fables de cet élégant Ecrivain sont autant de miniatures admirables pour la ſimplicité, la vérité & le naturel.

La *Fontaine*, qui a été ſon rival parmi nous, a des couleurs plus vives ſans en avoir moins de naïveté & des graces. Il nous tient lieu d'*Eſope*, de *Phédre* & de *Pilpai*. Il ſemble que par ſes Apologues, dit la *Motte*, il ait voulu rendre aux mœurs ce qu'il leur avoit ôté par ſes contes. Indépendamment de la morale que ſes fables renferment, il enchante par les graces piquantes de ſon ſtyle; on y ſent à chaque ligne ce que la gaieté a de plus riant, & ce que le gracieux a de plus attirant. Il joint à toute la liberté de la nature tous les agrémens de l'eſprit. On lui reproche ſeulement de n'avoir pas toujours ſçu finir où il falloit; on ſouhaiteroit que ſon ſtyle fût plus châtié, plus précis, & qu'en ſurpaſſant le *Phédre* en délicateſſe, il l'eût égalé dans la pureté de l'élocution. Ses moralités ſont quelquefois tirées de trop loin; & il inſinue d'autres fois des maximes, dont la conſéquence ſeroit dangereuſe pour la jeuneſſe. Mais ces petites taches n'empêchent point qu'il ne ſoit le premier parmi les modernes, & qu'il n'ait ſurpaſſé les anciens.

Il se croyoit pourtant fort au-dessous de *Phédre*, mais *Fontenelle* a très-bien dit qu'*il ne lui cédoit le pas que par bêtise :* mot plaisant qui exprime avec finesse le caractère d'un génie supérieur qui se meconnoît, faute de se regarder avec assez d'attention.

Les succès de la *Fontaine* exciterent l'émulation de ses contemporains. Il eut des imitateurs de son tems & il en a eu encore plusieurs dans notre siécle. Sans prétendre régler les rangs de cette foule de concurrens qui se sont présentés tour à-tour, voici ce que je pense sur chacun d'eux d'après Mr. *Querlon*, qui les a presque tous caractérisés dans ses feuilles, & d'après les réfléxions que j'ai faites en les lisant.

Furetiere. *Furetiere*, contemporain de la *Fontaine*, osa publier sous ses yeux en 1651. cinquante fables que peu de gens connoissent & que personne ne lit.

Benserade. *Benserade* a fait plus de deux cents fables en quatrains, & il y en a quelques-uns d'heureux, parce que le sujet s'y est prêté ; mais pour s'être mis à l'étroit en s'assujettissant à cette forme, le reste est aussi méprisé que ses métamorphoses en rondeau.

Le noble. Le *Noble* a donné aussi deux cents

fables, qui malgré la dureté de son style & sa froide prolixité, ont eu dans le tems quelque vogue, parce que la plûpart de ces fables sont politiques ou relatives aux événemens qui faisoient alors la matiere de ses pasquinades; mais qui sont peu lues aujourdhui. On les a recueillies en 2. vol. *in*-12.

Les fables de *Desmay* publiées en 1678. sous le titre de l'*Esope françois*, ont quelque facilité; mais froides, sans grace & verbeuses, elles sont entiérement oubliées. Desmay.

Boursault, *Fuzelier*, de *Launay* ont fait d'assez bonnes fables enchassées dans différentes piéces de théatre, mais n'ont point traité l'apologue *ex professo*. Boursault. Fuzelier. Launay.

Les fables de l'Abbé de *Grecourt*, qu'on a si soigneusement ramassées dans toutes les éditions des œuvres de ce sale écrivain, & sur-tout dans la derniere de 1761., sont si bizarres ou si licencieuses, qu'il ne mérite pas d'être mis au nombre de nos fabulistes. Grecourt.

La *Motte* ne voulant laisser aucun genre que sa Muse n'eût essayé, a produit cent fables imprimées *in*-4°. & *in*-12. Il y en a de fort ingénieuses & quelques-unes très-bien faites; mais La Motte.

les meilleures ne valent pas, à beaucoup près, le discours éloquent qui leur sert de préface. " Je ne me serois ,, pas hazardé à écrire des fables, dit-,, il, si j'avois cru qu'il fallût être ab-,, solument aussi bon que la *Fontaine* ,, pour être souffert après lui ; mais je ,, pensois qu'il y avoit des places ho-,, norables au-dessous de la sienne.... ,, N'y auroit-il pas même quelque jus-,, tice à me compter, en compensation ,, des beautés qui me manquent, le ,, mérite de l'invention que mon pré-,, décesseur ne s'est point proposé ? A ,, huit ou dix idées près qui ne m'ap-,, partiennent que par des additions, ,, ou par l'usage moral que j'en fais, ,, il a fallu inventer mes fables pour ,, exprimer mes vérités ; il a fallu en-,, fin être tout à la fois l'*Esope* & la ,, la *Fontaine*. C'en étoit sans doute ,, trop pour moi ; il ne seroit pas juste ,, d'exiger que j'égalasse ni l'un, ni ,, l'autre. ,, La *Motte* l'a fait pourtant quelquefois, & M. de *V*. conte une chose plaisante qui se passa dans un souper au Temple chez M. le Prince de Vendôme, au sujet des fables de la *Motte*. Elles venoient de paroître, & par conséquent tout le monde affectoit d'en dire du mal. Le célébre Abbé de *Chaulieu*, l'Evêque de Luçon, fils du fameux *Bussi Rabutin*, & beaucoup plus aimable que son pere, un ancien ami de *Chapelle*, plein d'esprit & de goût, l'Abbé *Courtin*, & d'autres bons juges des ouvrages, s'égayoient aux dépens de la *Motte*. Le Prince de Vendôme & le Chevalier de *Bouillon* enchérissoient sur eux tous; on accabloit le pauvre auteur: *Je leur dis*, ajoute M. de V., *Messieurs, vous avez tous raison, vous jugez en connoissance de cause; quelle différence du style de la* Motte *à celui de la* Fontaine! *Avez-vous vu la derniere édition des fables de la* Fontaine? *Non*, dirent-ils; *quoi! vous ne connoissez pas cette belle fable qu'on a trouvé parmi les papiers de Madame la Duchesse de Bouillon?* Je leur récitai la fable; ils la trouverent charmante; ils s'extasioient. Voilà du la *Fontaine*! disoient-ils; c'est la nature pure, quelle naïveté! Quelle grace! *Messieurs*, leur dis-je, *la fable est de la Motte*; alors ils me la firent répéter & la trouverent détestable.

On a de l'épigrammiste le *Brun* des fables d'un style plus simple & plus propre au genre, mais en général foibles & médiocres. Le Brun.

Ri-cher. *Richer*, malgré la foiblesse de sa poésie, qui est toujours terre à terre & d'une imagination d'ailleurs peu riante, *Richer* a plus approché de la *Fontaine* que tous ses prédécesseurs ; il a donné, comme lui, douze livres de fables.

Il a paru depuis *Richer* plusieurs autres fabulistes, & entr'autres, M. *Pesselier*, auteur d'un corps de *fables* écrites d'un style net, & de quelques piéces de théatre aussi mêlées d'apologues; M. de *Fresnai*, dont nous avons un recueil de *Fables grecques, ésopiques & sibaritiques*, distribuées en deux volumes *in*-12., & imprimées à Orléans en 1750. ; M. *Ganeau*, qui a publié en 1760. cinq livres de fables, où il y a de la variété & de la gaieté ; le Pere *Grozelier* de l'Oratoire, dont les fables ont vu le jour en 1768. *in*-12. ; le Pere *Barbe* de la Doctrine Chrétienne, à qui l'on doit aussi un recueil de fables publiées en 1762. ; M. d'*Ardenne*, de l'Académie de Marseille, dont les *œuvres* imprimées en 4. vol. renferment un recueil de fables, qui sont peut-être le meilleur de ses ouvrages.

Pesse-lier. Fres-nai. Ga-neau. Gro-zelier Barbe D'Ar-den-ne.

Mais celui de tous les fabulistes modernes qui s'est le plus distingué dans cette carriere, est M. l'Abbé *Aubert*. Il semble avoir franchi tout l'intervale du tems qui le sépare de la *Fontaine* pour marcher immédiatement après lui. Un ton de sentiment très-bien soutenu, de la douceur & du naturel, de la naïveté même, & cet air de facilité qui convient au genre, forment le caractère de ses fables. Aubert.

M. le Duc de *Nivernois* a lu depuis peu à l'Académie Françoise quelques fables, qui sont l'ouvrage d'un homme du monde, d'un philosophe aimable & d'un moraliste ingénieux. Le D. de Nivernois.

****

§. XIII.

POËTES DE SOCIÉTÉ.

C'Est sous ce nom, que nous tracerons l'esquisse de tous les auteurs de Poésies fugitives qui depuis *Abailard* ont inondé notre Parnasse. Mr. *Dorat* a donné à la tête de ses *Fantaisies* un discours dont nous ferons usage, parce qu'il contient à-peu-près tout ce que nous pouvons faire entrer dans ce Paragraphe. Nous n'adopterons pas cependant tous ses jugemens, & nous nous permettrons quelquefois de changer son style.

Le roman de la *Rose*, commencé par *Guillaume de Lorris*, & continué par *Jean de Meun* fut en quelque sorte l'aurore de la Poésie françoise. On avoit beaucoup de chansons avant ce Poëme; (car nous avons toujours aimé à chanter) mais on n'avoit aucun ouvrage de cette étendue. Ce roman rimé étant à la fois voluptueux & satyrique, devoit avoir un grand succès, il flâtoit deux des plus grandes passions des hommes. On le lit encore aujourdhui; & ses peintures naïves sont des fleurs qui ne sont pas tout-à-fait fanées.

Villon. *Villon* parut ensuite, mais il déshonora plus la Littérature par sa vie scandaleuse, qu'il ne perfectionna la poésie par ses talens.

Marot. *Marot* eut la gloire de faire ce que *Villon* n'avoit point fait. Après lui vinrent St. *Gellais*, *Belleau* & d'autres rimeurs qui eurent peut-être plus de réputation, mais qui avoient certainement moins de mérite.

Chapelle. Parmi les éleves de ces Poëtes négligés, il faut compter *Chapelle*, génie heureux, génie facile; mais qui à son voyage de Provence près, où même tout n'est pas bon, n'a fait que des choses médiocres.

La *Fontaine*, son ami, avec autant de facilité que lui, avoit un génie beaucoup plus original. C'étoit l'enfant gâté de la nature ; & ce qu'il y a de singulier, c'est qu'il s'ignoroit lui-même, & qu'il étoit sublime sans le savoir. Jamais il ne chercha les fleurs dont il sema ses ouvrages ; elles se présenterent à lui, & il ne se donnoit pas même la peine de les arranger. Nous avons parlé de ses fables. Ses contes ne devoient pas être lus à cause de leur objet, & le sont cependant beaucoup plus, quoiqu'ils n'aboutissent presque tous qu'à conduire une femme à la derniere foiblesse, & qu'il y ait des longueurs dans quelques-uns. Si les sujets sont monotones, les détails sont très-variés, & ce sont précisément ces détails qui en font tout le danger. Parmi les autres Poésies fugitives de la *Fontaine*, il y en a très-peu qui vaillent ses fables & ses contes. La Fontaine.

Les contes épigrammatiques de *Rousseau* ont plus d'énergie, mais bien moins de naïveté. Un galant homme n'en peut soutenir la lecture ; l'obscénité la plus abominable en souille chaque vers, & il est malheureux qu'avec un si grand talent pour la poé- Rousseau.

ſie, il en ait fait un ſi funeſte uſage.

Chaulieu. L'Abbé de *Chaulieu* verſifioit dans le même tems que *Rouſſeau*; mais il n'afficha pas ſon talent. Il avoit l'imagination brillante & l'ame ſenſible. Ces deux dons ſi rarement unis, caractériſent tous ſes écrits. Sa morale eſt toute en ſentimens; mais cette morale eſt celle d'*Epicure*. Il eſt diffus, incorrect, mais pénétré de ce qu'il écrit: qualité précieuſe à laquelle on doit le peu de bons vers qu'on lit encore. Son ami la *Fare*, étoit comme lui, le Poëte de la nature.

Voltaire. L'Abbé de *Chaulieu* mourut préciſément dans le tems que M. de *Voltaire* commençoit à briller ſur notre Parnaſſe. Ce Poëte fut ſon héritier. Les graces autant que les Muſes ont dicté ſes poéſies fugitives. S'il a moins de chaleur que *Chaulieu*, il eſt auſſi moins inégal, plus ſaillant; il reſpire plus ſouvent cette gaieté françoiſe qui s'évapore dans nos cercles & qu'il a fixée dans ſes écrits. On a trouvé trop de reſſemblance dans la plûpart de ces petites Epîtres pour leſquelles M. de *Voltaire* a un talent vraiment original. Mais ſi le fond eſt preſque toujours le même, la forme eſt bien différente. Il eſt inépuiſable en tours ingénieux, en ſaillies agréables. Heureux s'il avoit toujours reſpecté la Religion, & s'il n'avoit jamais fait rougir la vertu.

M. *Greſſet* a un caractère moins marqué que M. *de Voltaire* & parcourt un cercle plus étroit. Ses poéſies reſpirent la pareſſe, le goût de la ſolitude & des plaiſirs tranquilles. Ses badinages ſont ſans amertume. Son *Vertvert* eſt le plus enjoué de tous ceux qui ſont ſortis de ſa plume. Dans ſes Epîtres légeres, on voit un Poëte facile qui orne la raiſon & qui égaie la morale. Des phraſes plus courtes, des périodes mieux coupées feroient mieux ſentir l'air de facilité qu'ont preſque toutes ſes poéſies. Greſſet.

Un homme illuſtre dans l'Europe par les belles actions dont ſa vie eſt ornée, l'eſt encore par les beaux vers que ſa Muſe a produits. Nous ne le nommerons point; le public le devinera ſans peine. Le C. de B.

De tous les éleves de M. de *Voltaire*, on a diſtingué M. *Deſmahis*. Eſprit, fineſſe, critique, légéreté de ſtyle, rien ne manquoit à ce Poëte aimable. Deſmahis

Ce qu'on a vu de M. le Duc de *Nivernois* eſt marqué au coin de l'eſprit Le D. de Nivernois.

& du goût. Sa prose est énergique & ses vers sont délicats.

Hamilton. *Hamilton* se signala dans le siécle dernier par des vers remplis de graces; Bouflers. M. le Chevalier de *Bouflers* est l'*Hamilton* de nos jours.

Voisenon. St. Lambert. Tressan. M. M. de *Voisenon*, de St. *Lambert*, de *Tressan* ont dans leurs poésies le ton des gens du monde & l'élégance, la pureté de nos meilleurs Académiciens.

Bernard. Ce qui est échappé à M. *Bernard* n'eût pas déplu à *Anacréon*.

Legier. Les *Amusemens* de M. *Legier* sont dignes d'un homme d'esprit. Ils paroissent n'avoir rien coûté à sa Muse, & il y a autant de facilité que d'agrémens.

Dorat. Les talens d'*Ovide* & peut-être ses défauts se font sentir dans tout ce qui est sorti de la plume féconde de M. *Dorat*.

d'Arnaud. M. d'*Arnaud* a dans la plûpart de ses piéces les graces de l'harmonie & l'énergie de la raison.

François. La Muse naissante de M. *François* promet beaucoup. M. de *Voltaire* l'a déclaré son successeur. Nous souhaitons qu'il recueille ce riche héritage.

Les François ont produit tant de

poésies légeres qu'une plus longue liste des auteurs de ce genre pourroit ennuyer. L'Abbé *Regnier* des *Marais*, *Pavillon*, la *Monnoye*, méritoient peut-être une petite place dans cette nomenclature ; mais il faut nécessairement que dans une multitude immense, il y ait quelqu'un qui se perde dans la foule.

Desmarais. Pavillon. La Monnoye.

Nous aurions pu parler aussi de *Vergier*, l'imitateur de la *Fontaine* dans le conte ; de *Grecourt* qui se piquoit du même talent ; de M. *Robé* qui a travaillé dans le même genre. Mais la pudeur est trop allarmée par la plus grande partie de leurs productions, pour que nous les fassions connoitre.

Vergier. Grecourt.

(*) CHAPITRE IV.

Des Ecrits sur la Poétique & sur divers autres genres de Littérature.

C'Est un principe établi que nous avons dans chaque Art plus de préceptes que d'exemples. Les hommes ont plus de passion pour enseigner, que de talent pour exécuter. Ainsi plusieurs Ecrivains incapables de faire deux vers, & de composer une harangue, nous ont accablés de Traités sur la Poésie & sur l'Eloquence. Il y auroit donc de la folie à faire passer en revue tous ces ouvrages calqués les uns sur les autres, & qui pour la plûpart ne sont que des compilations de regles triviales, faites par des Ecrivains très-médiocres.

On nous blâmeroit cependant de ne pas faire connoître ceux qui méritent réellement d'être connus. Parmi les Aristote. anciens *Aristote*, philosophe & littérateur, instruisit les Poëtes, après

(*) Nous plaçons ce Chapitre immédiatement après les Poëtes françois, parce que les Ecrits que nous indiquons serviront à guider dans la lecture des productions poétiques de notre Parnasse.

avoir

avoir donné des leçons aux Rhéteurs. Sa *Poétique*, traduite par *Dacier* 1692. *in*-4°., *contient les regles les plus exactes pour juger du Poeme héroique & des piéces de théatre*. Ce Livre a été le fondement de tous ceux qu'on a publiés depuis sur la même matiere.

L'Art poétique d'*Horace* est l'élixir des réfléxions d'*Aristote*, nous avons fait connoître ce Poëme dans le Chapitre des traductions des Poëtes latins. Horace.

Le P. *Rapin*, le P. *Buffier* & d'autres Jésuites, ont donné des réfléxions sur la Poétique; mais elles sont fort négligées aujourdhui quoiqu'elles ne soient point sans mérite. On a fait mieux qu'eux de nos jours, & on a écrit plus agréablement. Rapin Buffier.

Les *Réfléxions sur la Poésie & la Peinture* en 3. vol. *in*-12., par l'Abbé du *Bos*, ont eu beaucoup de lecteurs. Les savans se sont un peu refroidi depuis quelque tems pour cet ouvrage. M. *Dorat* dit de lui, qu'il discute longuement tous les objets; qu'il est ennuyeux par chapitres; que S. *Cyprien*, S. *Justin* le martyr, l'hérétique *Tertullien*, &c. sont mis à contribution par cet auteur pour appuyer des choses qui n'ont pas Du Bos.

besoin d'autorité. Il est certain que l'Abbé du *Bos* est trop diffus ; mais ce défaut ne doit pas empêcher de reconnoître qu'il a eu des vues nouvelles sur bien des objets, & ses réfléxions sont encore très-utiles.

Mallet. Les *Principes pour la lecture des Poëtes* de l'Abbé *Mallet* sont le pendant de ses *principes pour la lecture des Orateurs*. L'auteur étoit un homme éclairé & philosophe.

Rollin. Il y a dans le traité des Etudes de *Rollin* beaucoup de choses relatives à la Poésie. Mais cet auteur, abondant en belles paroles, est stérile en réfléxions profondes. D'ailleurs il manque d'ordre.

Vous trouverez plus de logique, plus de détails, plus de véritable instruction dans le *Cours de Belles-Lettres* en 4. vol. *in*-12. par M. l'Abbé *Batteux*. Cet ouvrage embrasse les Belles-Lettres françoises, latines & grecques; & pour former plus sûrement le goût des jeunes gens, l'auteur fait la comparaison des piéces de même genre dans les trois langues. Il commence par établir des principes clairs sur chaque genre de littérature ; ensuite il inculque ces principes par une application ſuivie à des exemples ſenſibles. A la tête de l'ouvrage, on trouve le traité des *Beaux Arts réduits à un même principe*, qui eſt l'imitation de la belle nature : principe ſimple, aiſé à ſaiſir, facile à expliquer, également propre à ſoulager l'artiſte qui travaille & l'amateur qui juge. Mais qu'eſt-ce que la belle nature ? C'eſt ce que M. l'Abbé *Batteux* n'a point aſſez dit, ſuivant l'auteur des *Cinq années littéraires*. Il eſt vrai que ce ſont de ces choſes qu'on ſent mieux, qu'on ne les exprime. La diction de tout l'ouvrage eſt digne d'un Académicien, pure & conciſe, mais moins élégante, moins coulante, moins douce que celle de *Rollin*; & il regne dans le ſtyle un certain ton métaphyſique qui y répand un peu de ſéchereſſe.

On peut joindre au cours des Belles-Lettres l'*Ecole de Littérature tirée de nos meilleurs Ecrivains*, par M. l'Abbé de la *Porte*, en deux volumes *in*-12. La Porte
Le public a vu avec plaiſir les préceptes de nos plus grands maîtres réunis dans un ſeul corps d'ouvrage; & comme on n'a pas touché au ſtyle des morceaux qu'on a raſſemblés, il y a de la variété dans chaque chapitre.

Plusieurs chapitres excellens qu'on ne trouvoit que dispersés, avant la publication de ce livre, l'ont fait acheter par ceux-même qui avoient déjà une partie de ce qu'il renferme.

Marmontel. La poétique de M. *Marmontel* est pleine de finesse & de goût, mais l'ordre que l'auteur a suivi n'étant pas assez méthodique, on a de la peine à saisir tout ce que son livre offre d'ingénieux & de neuf. Le style n'est pas d'ailleurs entiérement exempt de néologisme & d'affectation.

L'Art de sentir & de juger en matiere de goût, par M. l'Abbé *Seran de* La Tour. *la Tour*, en deux volumes *in*-12. 1762. est d'un homme d'esprit, qui n'a pas des idées communes. Il y a dans cet ouvrage de la netteté, de la précision, & le style est d'un Ecrivain exercé.

On a donné en 1768. en 3. volumes *in*-8°. un *Dictionnaire Littéraire*, à Avignon. C'est l'assemblage des articles de l'Enciclopédie qui roulent sur la littérature. Il y a du bon dans ce livre, mais plusieurs articles importans sont trop courts, & les articles peu intéressans paroissent trop longs. On préfére le *Dictionnaire de Littérature*,
Sabatier. que M. *Sabatier* de Castres a donné en

1770. à Paris en trois vol. *in-8°.* Ce lexique fait avec goût & avec méthode, présente d'une maniére claire & attrayante les principes qui forment le grand écrivain dans tous les genres.

Tout le monde connoît la *Poétique à l'usage des Demoiselles*, par M. *Gaillard*, réimprimée plusieurs fois en 2. vol. *in-12.* Ce livre est d'autant plus cher aux lecteurs françois, que presque tous les exemples sont tirés des Ecrivains de la nation. Gaillard.

Nous avons encore la *Poétique de M. de Voltaire*, ou *Observations recueillies de ses ouvrages*, par M. *Lacombe* 1766., deux parties *in-12.* Cet ouvrage n'est pas une compilation informe ; il est fait avec intelligence. Il y a de la méthode, du travail & du goût. Le rédacteur connu lui-même par un bon livre intitulé le *Spectacle des beaux Arts* & par son *Dictionnaire des beaux Arts*, peut être compté parmi les auteurs qui ont le mieux écrit sur la littérature. Lacombe.

C'est par lui que nous finirons cette liste critique. Les excellens Ecrivains lus & relus, contribuent plus à former le sentiment, le jugement & le goût que tous les écrits didactiques. Ainsi il faut lire les bons modèles, encore plus que les bons préceptes. On doit pourtant savoir gré à ceux qui travaillent à former notre esprit & notre raison ; mais il ne faut pas les placer sur le rang que nos grands Ecrivains occupent. Il est beau de conseiller, il est plus beau d'exécuter.

CHAPITRE V.

DES ORATEURS ANCIENS ET MODERNES.

§. I.

Des Orateurs anciens.

L'ART de l'Eloquence, cultivé avec tant d'ardeur par les Grecs & par les Romains, a fait quelquefois chez eux plus de mal que de bien. S'il y avoit des Orateurs qui inspiroient des desseins justes & honnêtes, qui fournissoient des vues utiles pour l'avantage du genre humain, on en voyoit aussi qui ne servoient que leur ambition particuliére, qui flattoient & qui condamnoient sans raison, qui souffloient le feu de la discorde entre leurs concitoyens, qui échauffoient & éternifoient les haines nationales, au mépris de l'humanité. L'éloquence de ces miférables étoit venale; le defir de parvenir à quelque place les portoit à la Tribune pour défendre fans pudeur des fcélérats puiffans, ou pour accufer des gens de bien fans appui.

Mais de quelques écueils que fût femée la carriere du Barreau à Athènes & à Rome, tous n'y échouerent pas, & quelques-uns montrerent des vertus.

Périclès, qui fut comme fon fondateur à Athènes, n'eut à fe reprocher que fon ambition. *Thucydide* nous a confervé un de fes difcours, qui eft remarquable par la force des penfées & l'énergie des expreffions. **Périclès.**

Lyfias fe diftingua par la clarté, la délicateffe, la précifion. Il s'attachoit prefque uniquement à prouver; mais il ne brilla pas autant que *Périclès*. *Ifocrate* qui vint après eux, charma par un difcours nombreux & cadencé, & fur-tout par cette douce harmonie qui a tant de pouvoir fur les ames. Son difcours aux Athéniens pour les exhorter à la paix, eft célébre dans l'hiftoire. Cette piéce d'éloquence que **Lyfias.** **Ifocrate.**

le tems a respectée, peut nous donner une juste idée de sa harangue sur les devoirs de la royauté, adressée à *Nicoclès*, Roi de Salamine, & qui procura à son auteur un présent de vingt talens. Il seroit à souhaiter que quelqu'un de nos Ecrivains du premier genre eût mis en françois tous les discours de ce célébre Orateur; mais nous n'en avons que quelques-uns traduits assez foiblement par *Giry*, du *Ryer*, *Regnier des Marais*, *Morel de Breteuil*, &c. &c.

Démosthène On s'est plus attaché à *Démosthènes*, le prince de l'Eloquence grecque. On sçait que ce célébre Orateur n'atteignit à la perfection de son art qu'à force de travail. La nature avoit mis, ce semble, des barrieres entre lui & l'éloquence; il triompha de ces obstacles par sa patience. Il fit entendre sa voix éloquente dans Athènes, tandis que *Philippe* attaquoit leur liberté & celle de toute la Grèce. Il employa toutes les ressources de son art pour faire prendre des résolutions vigoureuses contre ce Prince ambitieux; mais il adressoit la parole à l'amour de la patrie: & cette passion des grandes ames n'échauffoit plus le cœur des Athéniens. S'ils avoient pu être remués, ils l'auroient été par *Démosthènes*. Ce n'est pas au langage que cet Orateur s'attache; il s'abandonne à son enthousiasme, & dédaignant la froide élégance, il exprime tout avec une énergie qui lui est propre. Nous n'avons personne qu'on puisse lui comparer que M. *Rousseau* de Genève. Cette éloquence vive, forte, grande, pleine, aisée, qui coule par-tout chez lui de source, est précisément celle de l'auteur d'*Emile* & de la nouvelle *Héloïse*; mais il semble que dans l'Orateur Génévois il y a plus de philosophie que dans l'Orateur d'Athènes. En général les Harangueurs anciens sont babillards & verbeux; mais ils le sont avec cette majesté, cette harmonie, cette vivacité de couleurs, cette abondance d'images qui fait tout pardonner. D'ailleurs, comme ils parloient les deux plus belles langues qui ayent jamais été dans la bouche des hommes, on ne s'apperçoit de ce défaut que lorsqu'on lit leurs traducteurs.

Démosthènes eut un rival dans *Eschine*, Orateur plus orné, plus élégant, mais moins véhément & moins serré, & qui n'avoit pas le grand art Eschine.

de son émule, d'exciter les passions & les mouvemens qu'il vouloit. *Eschine* fut toujours assez généreux pour rendre justice aux talens de *Démosthènes*; mais il ne le fut pas assez pour voir sans envie les distinctions que son mérite lui attiroit.

Les chefs-d'œuvre des deux Orateurs, disons mieux du Barreau d'Athènes, sont les *Harangues de la Couronne*. Voici le sujet de ces fameux plaidoyers. *Ctésiphon* ayant décerné à *Démosthènes* une couronne pour récompense de ses services, *Eschine*, rival & ennemi de l'Orateur, s'éleva contre ce décret, accusa celui qui l'avoit porté, & attaqua personnellement *Démosthènes*. Cette intéressante cause fut plaidée dans le tems qu'*Alexandre* conquéroit l'Asie. *Eschine* succomba & fut exilé. *Démosthènes* obtint le triomphe que son éloquence méritoit autant que ses services.

Ces deux discours ont été traduits en françois par trois auteurs différens: d'abord par *Toureil* dont la version est foible; ensuite par M. l'Abbé *Millot* de l'Académie de Lyon dont la version a été imprimée à Lyon en 1764. *in*-12. Celle-ci est faite avec soin & bien écrite ; mais on désireroit qu'elle fût plus animée ; que l'auteur se fût rendu plus maître des tours de son original, & que sans perdre de vue son modèle, il l'eût dessiné plus librement. C'est l'attention qu'a eu M. l'Abbé *Auger*, auteur d'une nouvelle traduction, publiée à Rouen 1768. *in*-12. Le génie grec y est mieux conservé que dans les autres traductions ; mais on sçait combien la langue françoise est inférieure à la grecque. *Eschine* après avoir lu, dans son école de Rhodes, la harangue de *Démosthènes*, dit à l'Assemblée qui l'applaudissoit, *Et que seroit-ce donc si vous l'aviez entendu lui-même* ? Ce mot, dit ingénieusement M. de *Querlon*, peut s'appliquer à toutes les versions de ce genre ; je dirois volontiers des meilleures : *que seroit-ce, si vous entendiez l'original.* Le mérite de tout traducteur se réduit presque par le défaut de nos jargons modernes à être exacts, précis & fidéle.

C'est celui des *Philippiques de Démosthènes & des Catilinaires de Cicéron, traduites par M. l'Abbé* d'Olivet, *de l'Académie Françoise*, à Paris 1765. *in*-12. Ces traductions des meilleurs modèles de l'Eloquence grecque &

latine, si dignes elles-mêmes d'en servir en leur genre, soit pour la fidélité de l'interprétation, soit pour la pureté du style, l'élégance & la netteté de la diction, n'ont pas besoin de nos éloges : elles sont assez recommandées par l'estime & par l'accueil constant du public. Personne n'ignore que les *Philippiques* sont quatre discours que *Démosthènes* prononça devant le peuple d'Athènes contre *Philippe*, Roi de Macédoine, qui vouloit assujétir la Grèce. Ceux qui pourront conférer le texte de *Démosthènes* avec le langage que lui fait parler le traducteur, verront bien qu'il n'a pas cherché comme M. de *Tourreil*, qui avoit traduit les *Philippiques* avant lui, à lui donner de l'esprit, mais à représenter fortement & naïvement son vrai caractère.

L'Abbé d'*Olivet*, à qui nous devons cette version, avoit un amour de préférence pour *Ciceron*, qu'il regardoit comme le prince de l'Eloquence latine. On avoit vu à Rome des Orateurs distingués: *Antoine Crassus*, *Cotta*, *César*, *Brutus*; mais lorsque *Ciceron* parut, on sentit qu'on n'avoit encore rien entendu de pareil. Il fut élevé sous les yeux de *Crassus* qui lui traçoit le

Ciceron.

plan de ses études, & lui ouvroit toutes les grandes sources de l'Eloquence. Après avoir suivi les meilleurs maîtres qui fussent pour lors à Rome, il alla dans la Grèce pour se perfectionner dans cette ancienne patrie des Arts. Il avoit de grandes obligations à la nature, qui avoit beaucoup fait pour lui; cependant il sentoit qu'il faut la seconder par un travail assidu, & qu'on ne peut parvenir au grand, si l'on n'est animé d'une passion qui tienne de l'enthousiasme. La gloire de l'éloquent *Hortensius* piqua son émulation, & il n'épargna rien pour obtenir les mêmes éloges. Bientôt ses vues s'étendirent, & il laissa son rival bien loin derriere lui. *Ciceron* connoissoit tous les styles, & il les employa tous avec le succès le plus marqué. Il s'appliqua à réunir deux choses qui vont rarement ensemble, la force & les graces. En un mot *Ciceron* fut à Rome ce que *Démosthènes* avoit été à Athènes. S'il est vrai comme quelques-uns l'ont écrit, qu'il n'ait ni le nerf, ni l'énergie, ni, comme il l'appelle lui-même le *tonnerre de Démosthènes*; il le surpasse par l'abondance & l'agrément de la diction, par la variété des sentimens, & sur-tout par la vivacité de l'eſprit. Les expreſſions, en paſſant par ſon imagination féconde & brillante prenoient cette couleur d'urbanité romaine dont il eſt le modèle le plus parfait.

Nous avons eu pluſieurs traducteurs des harangues de *Ciceron* : du *Rier* dont le ſtyle a vieilli ; *Gillet* dont la verſion eſt foible ; l'Abbé de *Maucroix* qui s'étant preſque toujours exercé ſur des ſujets où il ne falloit qu'un ſtyle doux & tempéré, n'avoit pu prendre un ſtyle plus oratoire & plus nerveux ; enfin l'Abbé d'*Olivet* dont nous avons fait connoître la traduction des *Catilinaires* & qui nous a donné auſſi quelques morceaux des *Verrines* ou des oraiſons contre *Verrés*.

Mais aucun des traducteurs n'a traduit toutes les oraiſons de *Ciceron*. Cette entrepriſe étoit réſervée à *Bourgoin* de *Villefore*, qui n'a laiſſé aucune des cinquante-neuf harangues de *Ciceron* ſans la traduire. Sa verſion parut en 1731. à Paris, chez Gandouin en huit vol. *in*-12. Ce qui a dû rendre ſon travail plus pénible, ce ſont les principes qu'il s'eſt fait ſur la traduction en elle-même. Il croit, par exemple, que lorſqu'il s'agit de harangues & de plaidoyers, c'eſt peu faire que de rendre fidélement le ſens du texte, mais qu'il faut encore, autant que la différence des deux langues le peut ſouffrir, traduire le tour que l'Orateur donne à ſes penſées & à la variété de ſes mouvemens. Suivant ce principe, M. de *Villefore* a conſervé les dénominations uſitées chez les Romains. Il a pouſſé cette fidélité d'interprétation juſqu'à traduire à la lettre certaines expreſſions injurieuſes, que les honnêtes gens parmi nous n'employent guéres en public, même dans les plus fortes invectives : telles ſont celles de *Hellus*, de *Bellua*, de *Carnifex*, que *Ciceron* met en œuvre contre *Verrés*, contre *Piſon*, contre *Antoine*, & que *Villefore* rend tout ſimplement par celles-ci, *brutal*, *bête féroce*, *bourreau*, *&c.* Malgré cette fidélité ſcrupuleuſe, ſa verſion n'occupe pas le premier rang, ni même le ſecond. Le ſtyle quoique exact en lui-même, n'eſt pas toujours aſſez coulant; il rampe même quelquefois; dans d'autres endroits il paroît embarraſſé. Je mets beaucoup au-deſſus le ſtyle des *Catilinaires* traduites par M. l'Abbé d'*Olivet*. Pour ce qui eſt de l'exactitude de la traduction de

Villefore, cet Ecrivain n'a pas toujours bien pris la pensée de son auteur, même dans les endroits où il n'est pas question d'érudition, ni d'une grande connoissance de l'antiquité. Ce n'est point à tort qu'il se montre reconnoissant dans sa préface, des secours qu'il a reçu de tous ceux qui ont donné en françois quelqu'une des harangues de son auteur. Quand ces secours lui manquent, on s'en apperçoit aisément.

Les Anciens étoient naturellement si éloquens qu'ils portoient ce talent jusques dans l'histoire. Tout le monde connoît le livre classique intitulé *Orationes ex historicis latinis collectæ.* On sçait que c'est un choix de harangues directes & d'autres discours tirés des quatre principaux Historiens latins,
Sal-luste. de *Salluste*, *Tite-Live*, *Tacite*, &
Tite-Live. *Quinte-Curce.* Ces harangues, sans avoir tout l'appareil oratoire des plai-
Tacite. doyers de *Ciceron*, sont autant de mor-
Quin-te-Curce ceaux d'éloquence, où respire, sous des traits mâles, le véritable génie de Rome. L'historien n'étant plus échauffé par la présence des objets, ni par les intérêts actuels qui s'éteignent avec les passions qui les font naître, ne pouvoit qu'en retracer le tableau; mais

avec quelle grandeur, quelle nobleſſe, quelle fierté, quelle force, quel ſens, *Salluſte* & *Tite-Live* tracent-ils ces peintures ? C'eſt ce qu'on verra encore mieux que je ne ſaurois le dire dans le recueil cité, qui a été traduit par M. l'Abbé *Millot*, de l'Académie de Lyon, ſous le titre de *Harangues choiſies des Hiſtoriens latins*, à Lyon 1764. deux vol. *in*-12. Le traducteur a été fidéle à deux regles de toute bonne verſion. 1°. L'exactitude à rendre le ſens d'un Orateur. 2°. La fidélité à exprimer le caractère de ſon éloquence. C'eſt-là ce qu'on appelle être exact à la lettre & à l'eſprit. " Des traductions auſſi bien „ faites, dit l'auteur des Affiches de „ Province, valent des ouvrages ori„ ginaux pour ceux qui ſavent appré„ cier les difficultés de ce genre, & ce „ qu'il en coûte en les ſurmontant, „ pour n'en laiſſer rien appercevoir, „ ou pour en dérober les traces ſous „ l'air de la diction. „

Après *Ciceron*, l'Eloquence ne fit plus que dégénerer, comme il étoit arrivé en Grèce après *Démoſthènes*. *Sénéque* en fut le premier corrupteur. Il penſoit fortement, mais ſes penſées étoient affoiblies par ſes expreſſions où il met- Sénéque.

toit trop de recherche. Sa manie pour les antithèſes, pour les pointes, pour les brillans, étoit extrême, & on croit en liſant ſes ouvrages, lire un recueil d'épigrammes; ce qui produit une monotonie fatigante : avec beaucoup d'eſprit, il n'avoit nul goût, nulle idée de la véritable éloquence. Son ſtyle découſu ne montroit ni nombre, ni harmonie; rien de périodique, rien de ſoutenu. Il ſubſtitue à la ſimplicité noble des anciens, le fard de la Cour de *Néron*. Sa maniere de s'exprimer courte & ſentencieuſe, ôtant toute liaiſon au diſcours, fit dire à l'Empereur *Claude* que ſon ſtyle étoit du *ſable ſans chaux*. Mais comme à ces défauts *Sénéque* joignit un eſprit vigoureux & élevé, une imagination fleurie, des connoiſſances étendues, il ſe fit une réputation éclatante, & devint le modèle ſur lequel la jeuneſſe romaine ſe plut à ſe former ou à ſe corrompre.

Le Préſident *Chalvet*, *Malherbe*, du *Rier* ſe ſont autrefois exercés ſur *Sénéque*; mais leurs verſions ſont très-mauvaiſes, & on ne peut prendre une idée de cet Orateur que dans les *Penſées de Sénéque, par M. de la Baumelle*, encore chaque morceau étant iſolé, on ne peut se former une juste idée de son éloquence.

Pline le jeune, neveu de *Pline* le Naturaliste, qui l'adopta pour son fils, fut formé par le célébre *Quintilien* dont il fut le meilleur disciple & le plus reconnoissant. *Pline* ayant commandé d'abord une légion en Syrie, revint à Rome, où il se livra entiérement aux affaires publiques. Il plaida sa premiere cause au Barreau dès l'âge de dix-neuf ans, mais avec un succès si décidé, que ses rivaux & ses amis comprirent dès-lors à quelle gloire il étoit destiné. Nous n'avons de lui dans le genre oratoire, que son *Panégyrique* de *Trajan*. Quoique cet Empereur fût un grand prince, digne de tous les prix de la vertu, quoique *Pline* ne le flâte pas dans tout le bien qu'il en dit, cependant son Panégyrique intéresse peu. Rien de plus difficile que de louer même le mérite; il semble qu'il doit se suffire à lui-même, & que l'éloge l'affoiblit au lieu de l'élever. Ces discours d'appareil rendent légitimement suspect leur objet & leur auteur. La vertu solide est toujours modeste & sincére. Elle ne souffre ni ne fait de panégyriques. Il n'est pas vrai cependant (comme l'a dit quelque part M. de (*) *V.*) que *Trajan* ait entendu celui de *Pline*. Il étoit abſent lorſqu'il fut prononcé ; mais ce n'eſt pas le ſeul fait que cet Hiſtorien inexact, mais brillant, a altéré.

Nous avons une bonne traduction du Panégyrique de *Trajan* par M. de *Sacy*, Avocat au Conſeil, & c'eſt à l'occaſion de cette traduction & de celle de *Démoſthènes* par *Tourreil* que la *Motte* dit dans une de ſes Odes :

Long-tems l'antiquité ſavante
Nous recéla mille Ecrivains ;
Mais des tréſors qu'elle nous vante
Nous avons lieu d'être auſſi vains.
Les *Plines* & les *Démoſthènes*,
Les travaux de Rome & d'Athènes
Deviennent nos propres travaux :
Et ceux qui nous les interprêtent,
Sont moins par l'éclat qu'ils leur prêtent,
Leurs traducteurs que leurs rivaux.

Le traducteur de *Pline* eſt tellement ſon rival, qu'il ſubſtitue quelquefois ſes penſées à celles de l'auteur, pour lui donner un certain air de bel eſprit qui étoit alors à la mode.

Le bel art de l'Eloquence ne fit que

(*) Dans ſa Préface du Panégyrique de *Louis XV*.

dégénerer depuis *Pline*. Protégé quelquefois par les Empereurs, il tâcha de se maintenir dans cet état de médiocrité jusqu'à la chûte de l'Empire. L'éloquence de *Symmaque*, défenseur de l'idolâtrie, a été comparée par *Prudence* à une bêche d'or dont il labouroit la boue. Son style élégant & fleuri se sentoit néanmoins de la corruption de son siécle. Les déclamations de *Libanius* foibles & sans vigueur, ne présentoient que des pensées plus spécieuses que solides, & des railleries plus piquantes qu'ingénieuses. Enfin, lorsque les Barbares eurent inondé l'Europe, l'Eloquence fut aussi sauvage & aussi grossiere qu'eux.

****

§. II.

Des Prédicateurs François, & premiérement des discours de Morale.

REservant à un autre article l'examen des Peres de l'Eglise, je ne donnerai l'histoire de l'Eloquence sacrée que depuis qu'on a commencé de prêcher en françois. Jamais l'art de la parole n'a été plus avili qu'alors. Après le texte, venoit un long exorde qui rouloit le plus souvent sur un passage de l'Ecriture, & qui conduisoit le Prédicateur à ce qu'on appelle l'*Ave Maria*. Alors il traitoit deux questions. L'une théologique, où il rapportoit les sentimens des maîtres de l'école ; & l'autre juridique tirée tantôt du droit canon, tantôt du droit civil. On citoit les livres, les paragraphes & les loix, comme dans un plaidoyer. *Ovide* & St. *Augustin*, *Homère* & St. *Chrysostome* fournissoient les autres citations.

Dès qu'on avoit vuidé ces questions épineuses, qui n'avoient souvent aucun rapport avec le sujet principal, & qui, avec l'exorde, remplissoient les deux tiers du sermon, l'Orateur venoit à la division générale. Il la faisoit toujours en deux parties, qui finissoient par des syllabes de même son, pour former une espêce de cadence. Ce qu'on observoit avec soin dans la plûpart des sermons, c'est que la premiere partie eût du rapport avec la matiere générale que le Prédicateur avoit eu dessein de traiter ou pendant l'Avent, ou durant le Carême. Chacune des parties générales, sur-tout la premiere, étoit sous-divisée en plusieurs. Tout étoit traité avec autant de sécheresse que de briéveté. Quand le harangueur avoit rempli ou croyoit avoir rempli sa tache, il finissoit assez brusquement, souvent par les paroles de son texte, pour montrer, sans doute, qu'il ne s'étoit pas écarté de sa matiere ; en quoi, certainement, il ne pouvoit faire illusion qu'aux esprits les plus distraits, ou aux auditeurs les plus ignorans. Les sermons de *Menot*, & *Meyssier*, & de plusieurs autres qui ont eu néanmoins de la réputation en leur tems, sont tous dans ce goût. Ils paroissoient presque tous jettés au même moule. Si l'Ecriture est citée dans leurs sermons, c'est presque toujours à contre-sens, ou sans aucun discernement. Des moralités insipides, souvent fausses ; rien de persuasif, rien qui puisse éclairer & toucher. Les descriptions des vices y sont ordinairement si grossieres, qu'elles ne sont guéres capables que de les inspirer. Il falloit pourtant un grand fonds d'érudition à ces vieux sermonaires. La plûpart sont pleins de traits d'histoire, de pensées de philosophes, d'imaginations poétiques & fabuleuses. On cite dans plusieurs, & cela presque à chaque page, le *grand Epaminondas*, le *divin Platon*, l'*ingénieux*

Menot & Meyssier.

Homère. On y conte même des hiſtoriettes plus propres à ſcandaliſer, qu'à édifier. Parmi les inepties que nous pourrions faire connoître, je ne choiſirai que quelques morceaux de *Raulin*, Prédicateur du XVme. ſiécle.

Raulin. Dans un de ſes ſermons ſur la converſion du pécheur, voici comment l'Orateur explique la converſion du pécheur à Dieu & de Dieu au pécheur. La miſéricorde de Dieu, dit-il, eſt comme la partie du viſage, & ſa juſtice celle de derriere, ſuivant ces paroles : *miſericordiam & judicium cantabo tibi Domine*. Or, Dieu ne ſe tourne que du côté de ceux qui ſe tournent vers lui : comme un miroir ne réfléchit le viſage que de ceux qui ſe préſentent devant la glace... Ne fuyons point le regard de Dieu à cauſe de quelques imperfections de notre cœur ; le ſoleil qui entre par une fenêtre, n'en éclaire pas moins une chambre, quoiqu'il trouve des atomes ſur le chemin de ſes rayons, &c.

Ce beau ſermon eſt orné, ſuivant l'uſage de ce tems, d'une hiſtoire, ou plûtôt d'une fable qui dut faire une très-grande impreſſion ſur l'auditoire. Un Hermite, dit *Jean Raulin*, ſuppliant

pliant Dieu de lui faire connoître la voie du salut, vit tout-à-coup un diable transformé en Ange de lumiere, qui lui dit: Dieu a exaucé votre priére. Il m'envoie vous dire, que si vous voulez vous sauver, il faut lui offrir trois choses, une lune nouvelle, un disque de soleil, & la quatriéme partie d'une rose. Si vous unissez ces trois choses & les offrez à Dieu, vous serez sauvé. L'Hermite étoit très-affligé ne sachant ce que cela vouloit dire. Mais un véritable Ange de lumiere lui apparut, & lui dit le mot du logogryphe. La nouvelle lune, dit-il, est un croissant, c'est-à-dire, un *C.* dont il a la forme. Le disque du soleil est un *O.* La quatriéme partie d'une rose est un *R.*; joignez ces trois lettres & vous ferez le mot *Cor*, & c'est ce que Dieu vous demande, &c. *Jean Raulin* dans ce même sermon parle ainsi au sujet de la nécessité du jeûne. Rien de plus difficile que la conversion, à moins que le corps ne vienne au secours. Car comme dit *Aristote*: *le corps suit la matiere.* Ainsi, si nous faisons jeûner le corps, l'esprit en sera plus dégagé & plus libre. Un carrosse va plus vîte quand il est vuide, un navire qui n'est pas trop chargé, obéit mieux au vent & à la rame..... L'araignée qui marche si bien sur ses pattes ne peut pas marcher sur le dos; de même si le ventre de l'homme est attaché à la terre, l'esprit ne peut pas marcher vers le ciel. Et puis, par le jeûne du ventre, l'homme s'unit mieux à Dieu; car c'est un principe des Géomètres, qu'un corps rond ne peut toucher une surface que dans un point: or Dieu est cette surface, suivant ces paroles: *Justus & rectus Dominus*. Un ventre qui se nourrit trop, s'arrondit: donc il ne peut toucher Dieu que dans un point; mais le jeûne applanit le ventre, & alors celui-ci s'unit à la surface de Dieu dans tous les points & dans toutes les parties.

Les prétendus Réformés de France furent les premiers qui mirent quelque ordre & quelques raisonnemens dans leur discours, parce qu'on est obligé de raisonner méthodiquement quand on veut changer les idées des hommes; mais ces raisonnemens étoient fort éloignés de l'éloquence, & la chaire n'en fut pas moins livrée au mauvais goût. Quelle étoit la source de cette grossiéreté absurde si universellement répandue en Italie du tems du *Tasse*;

en France du tems de *Montagne*, de *Charron* & du Chancelier de l'*Hopital*; en Angleterre dans le siécle de *Bacon*? Comment ces hommes de génie ne réformoient-ils pas leur siécle? Prenez-vous en aux Collèges qui élevoient la jeunesse, & à l'esprit de pédanterie universelle qui mettoit la derniere main à notre barbarie que les Collèges avoient ébauchée. Un génie, tel que le *Tasse*, lisoit *Virgile* & produisoit la *Jérusalem*. Un *Machiavel* lisoit *Térence* & faisoit la *Mandragore*; mais quel Moine, quel Curé, lisoit *Ciceron* & *Démosthènes*? Un malheureux écolier, devenu imbécile pour avoir été forcé pendant quatre ans d'apprendre par cœur *Jean Despautere*, & ensuite devenu raisonneur pour avoir soutenu une thèse sur l'universel de la part de la chose & de la pensée, & sur les cathégories, recevoit en public son bonnet, & sans connoître ni sa portée, ni ses talens, s'en alloit prêcher devant un auditoire, dont les trois quarts étoient plus imbéciles que lui & plus mal élevés.

Ce ne fut guéres que du tems de *Coeffeteau* & de *Balzac*, que quelques Prédicateurs osérent parler raisonna-

Se-nault. blement. C'est au Pere *Senault* de l'Oratoire qu'on est redevable principalement du bon goût qui regne aujourdhui dans la chaire. Il la purgea de cette érudition profane, de ces ridicules plaisanteries qu'on y croyoit auparavant nécessaires pour attirer l'attention des auditeurs. Il mit à la place de ces faux ornemens, une éloquence douce & naturelle, qui n'a rien de contraire à la sainteté du ministère évangélique. C'est le témoignage que tout le monde a rendu au Pere *Senault*

Lin-gen-des. & sur-tout le Pere de *Lingendes*, Jésuite, quoiqu'alors son concurrent dans la gloire de l'éloquence de la chaire.

Bour-da-loue. Enfin *Bourdaloue* fut le premier en Europe qui remporta le prix de son art. Je rapporterai ici le témoignage de M. *Burnet*, Evêque de Salisbury, qui dit dans ses Mémoires, qu'en voyageant en France, il fut étonné de l'éloquence de ses sermons, & que *Bourdaloue* réforma les Prédicateurs d'Angleterre, comme ceux de France. Ce Jésuite fut le *Corneille* de la Chaire, comme *Massillon* en a été depuis le *Racine*. Il porta la force du raisonnement dans l'art de prêcher, comme *Corneille* l'avoit porté dans l'art dramatique. On l'a accusé pourtant d'être plus Avocat que Prédicateur, plus propre à convaincre des gens d'esprit qu'à émouvoir le peuple. Il est admirable du côté du raisonnement ; mais il a peu d'onction & même de pathétique. Il a cette force qui vient de la raison, du vrai mis dans tout son jour par un esprit solide & ferme ; & non celle qui vient du sentiment, des mouvemens d'un cœur tendre & affectueux. On pourroit dire de plusieurs Prédicateurs, qu'ils apportent des raisons plûtôt qu'ils ne raisonnent, & qu'ils exposent des preuves, plûtôt qu'ils ne prouvent. Le Pere *Bourdaloue* démontre tant par les preuves directes les plus évidentes & les mieux choisies, que par la réfutation la plus complette & la plus entiére de tout ce qu'on pourroit lui objecter avec la moindre ressemblance. C'est sur-tout dans ce dernier point qu'il excelle. Il réduit le pécheur au silence ; il ne lui laisse ni excuse, ni prétexte ; il le force à se condamner, à se mépriser lui-même, à rougir de sa sotise & de sa folie. Mais ses peintures, quoique vives, sont sans images. C'étoit un homme de grand sens plûtôt qu'un homme d'esprit, ou plûtôt qu'un homme d'imagination, à prendre ces termes dans le sens qu'on y attache d'ordinaire. Il y a peu de ces traits qui peignent d'un mot, de ces expressions de génie qui présentent une vérité commune sous une face toute nouvelle.

Cheminais. Le Pere *Cheminais*, confrere du P. *Bourdaloue*, génie vif & tout de feu, fut applaudi à la Cour & dans la Capitale du Royaume. On lira toujours ses Sermons avec plaisir, indépendamment du fruit qu'on peut en retirer pour la direction des mœurs. Il faut convenir, cependant, qu'il n'approfondit pas toujours son sujet, & que le Rhéteur paroît trop à découvert dans ses discours. On l'avoit obligé trop jeune à se livrer à l'exercice de la prédication ; il manquoit d'un fonds qui eût été nécessaire, & qui l'eût rendu un des premiers Orateurs de son siécle. La foiblesse de sa santé l'obligea de quitter la chaire à un âge où d'autres commencent à y monter. Ses Sermons sont en cinq volumes.

La Colombiere. Ceux du P. de la *Colombiere*, autre célébre Jésuite, sont en six, de la derniere édition de Lyon 1757. Parmi ceux qui ont écrit dans les derniers tems sur la morale chrétienne, les uns excélent par la solidité du raisonnement, les autres par la vivacité de l'imagination, beaucoup par l'élégance de la composition, peu par l'onction des sentimens. La réunion de ces différens caractères se fait connoître dans le P. de la *Colombiere*, suivant M. l'Abbé *Joannet*; & il est profond, quand il raisonne, & touchant lorsqu'il veut persuader.

Le Pere *Giroust*, à l'exemple du P. de la *Colombiere*, ne se distingua pas moins comme Religieux, que comme Prédicateur. Il ne fut point de ces Orateurs dont on dit: *le Sermon édifie, & l'exemple détruit*. S'il nourrit les fidéles du pain de la parole de Dieu, il les remplit de la bonne odeur de ses vertus. Nous avons de lui cinq volumes de Sermons, qui furent publiés en 1704., par le Pere *Bretonneau*, son confrere. L'onction en fait le principal caractère; l'élégance n'y manque pas, mais ce n'est pas la principale qualité qui y domine. On souhaiteroit quelquefois que ses raisonnemens eussent plus de profondeur & son style moins de négligence; mais la perfection est si rare dans l'éloquence, qu'on ne doit Giroust.

pas être trop févére, en jugeant ceux qui s'y font confacrés.

La Rue. Les Sermons de morale du Pere la *Rue* n'approchent pas de ceux du Pere *Bourdaloue*, ni de ceux de *Massillon*. On n'y trouve ni la folidité, ni la force du premier, ni l'onction, ni l'élégance continue du fecond. Ce Jéfuite ayant confacré toute fa jeuneffe aux Belles-Lettres, fur-tout aux Latines, ne put pas étudier affez long-tems la Religion pour fe faire le fond de connoiffance qu'exige la chaire. " De-là, ,, dit M. l'Abbé *Trublet*, du vuide, de ,, la ftérilité, de la féchereffe. Ainfi, ,, avec quelques morceaux admirables, ,, fes Sermons font médiocres à tout ,, prendre. Souvent fort par les tours; ,, il eft ordinairement foible par les ,, chofes. ,, Il a pourtant de très-bons Sermons. Tels font ceux du *Pécheur mort* & du *Pécheur mourant*. Un grand mérite en lui eft la fimplicité. S'il eft plein de figures, on fent bien qu'il n'en a recherché aucune. Point de périodes compaffées : il néglige le nombre, il méprife l'élégance; & un des hommes du monde qui poffédoit le mieux l'art, paroît devoir tout à la nature. C'eft par ce mérite qu'il plut à la Cour de *Louis XIV*.

Le vrai goût de l'éloquence chrétienne, dit-il dans la préface de ses Sermons, s'est toujours conservé à la Cour. Dès la premiere fois que j'eus l'honneur d'être nommé pour y prêcher, je fus assez heureux de recevoir un avis d'un Courtisan des plus habiles : *Ne donnez pas*, me dit-il, *dans l'écueil commun. Ne prétendez pas réussir en nous flattant l'oreille par un bel étalage de fins mots. Si vous allez par le chemin du bel esprit, vous trouverez ici des gens qui en mettront plus dans un seul couplet de chanson, que vous dans tout un Sermon.*

Le Pere *Soanen* de l'Oratoire se conforma à ce précepte, & ce fut par-là qu'il mérita l'estime de *Louis XIV.* & l'Evêché de Sénés. Il étoit un des quatre Prédicateurs les plus distingués de sa Congrégation, que l'on appelloit à la Cour les *quatre Evangélistes. Louis XIV.* ne l'entendoit jamais sans être sensiblement frappé des vérités fortes & pathétiques qu'il lui annonçoit. Le P. de la *Chaise* & le P. *Bourdaloue* assistoient avec plaisir aux Sermons du Pere *Soanen.* Enfin, pour tout renfermer en un mot, comme la *Bruyere*, il prêchoit simplement, for- Soanen.

tement, chrétiennement, ou *comme chacun croiroit pouvoir prêcher*, disoit M. de *Fénélon*, qui ne proposoit d'autre modèle pour l'éloquence de la chaire, que *Bourdaloue* & *Soanen*.

Massillon

Ce digne Ministre de la parole n'est pas le seul de la Congrégation de l'Oratoire, qui ait fait briller ses talens à la Cour. Le Pere *Massillon* y parut presque en même tems que lui & y cueillit des lauriers, qui n'étoient faits que pour un homme d'un grand génie. M. l'Abbé *Trublet*, qui assigne la premiere place de la chaire au P. *Bourdaloue*, ne donne que la seconde à *Massillon*. Il est certain que le Jésuite créa, pour ainsi dire, le vrai goût de la chaire, il forma ses rivaux; il leur donna l'exemple de cette solidité, de cette force de raison qui caractérisent ses discours. Mais si la logique de M. *Massillon* n'est pas aussi profonde que celle du Pere *Bourdaloue*; ce défaut, si c'en est un, n'est-il pas compensé par l'onction & l'aménité qui les distinguent? C'est l'onction qui assûre les effets de la solidité. Il faut prouver & toucher, prouver en touchant, & toucher en prouvant; en sorte que l'un & l'autre marchent ensemble; mais si on les ſéparoit comme cela convient quelquefois, il faudroit, ſelon M. l'Abbé *Trublet*, s'attacher à prouver avant que de chercher à toucher. Un jour que je diſois ceci, ajoute-t'il, en préſence de quelques gens de lettres, l'un d'eux entrant dans ma penſée, ajouta qu'*un Sermon parfait ſeroit celui dont Bourdaloue auroit fait la premiere partie & Maſſillon la ſeconde.* Le point ſeroit de trouver un Orateur qui raiſonnât comme l'un, & qui touchât comme l'autre.

Les P. P. *Hubert* & de la *Roche*, confreres du P. *Maſſillon*, partagerent les ſuccès. On ne trouve point dans leurs diſcours ces raiſonnemens froids & ennuyeux, & ce ſtyle plat & inſipide qui regne dans les Sermons de pluſieurs Prédicateurs. Mais on n'y voit point auſſi ce ſtyle précieux, affecté, ſurchargé d'antithèſes recherchées, & de phraſes empoulées de certains diſcoureurs à la mode, ni ces fauſſes interprétations de l'Ecriture, que quelques-uns employent pour faire des alluſions qu'ils croyent ingénieuſes, & qui ne ſont ſouvent que puériles; en un mot, on y écarte les fleurs pour n'y donner que des fruits. Les P. P. Hubert & la Roche.

L 6

Pa-caud. Du Tre-uil. *Pacaud* & du *Treuil*, de la même Congrégation, étoient aussi très-suivis. Leur talent étoit de bien exposer les mystères de la Religion, & de faire aimer sa morale.

La noblesse des pensées, jointe à beaucoup de délicatesse d'énergie, de pureté de style, se font remarquer dans Flé-chier. les Sermons de *Fléchier*, Evêque de Nîmes; mais il y a trop de brillant & pas assez de profondeur.

Ce défaut regne encore dans les La Boiſ-ſiere. Sermons du P. de la *Boissiere* de l'Oratoire publiés en 1731. en six volumes *in*-12. L'on en est bien dédommagé par la beauté & la vivacité des images, par les pensées délicates, par les peintures ingénieuses, mais fidéles de nos mœurs, par un style sentencieux, enfin par un langage clair, noble & coulant, presque tout emprunté de l'Ecriture sainte.

Ter-raſſon. Le P. *Terrasson*, contemporain du Pere de la *Boissiere*, a une éloquence douce & naturelle; l'expression est nette; il n'y a ni rudesse, ni obscurité. L'entassement des figures ne fatigue pas. L'Orateur, ennemi de toute enflure & de toute affectation, ne brille que par des beautés nées de son sujet, & avouées par la raison. Il y a eu deux

Prédicateurs de ce nom, *André* & *Gaspard*; les Sermons de celui-ci m'ont paru plus éloquens.

La justesse, l'élégance, la pureté de langage, caractérisent les Sermons de l'Abbé *Anselme*; mais on y souhaiteroit plus de cette chaleur & de cette force qui est nécessaire pour porter la vérité & la terreur jusqu'au fond de l'ame. Anselme.

Je ne vous ai point parlé des Sermons de l'illustre *Fénélon*, ouvrage de sa jeunesse & les premieres fleurs des fruits mûrs qu'il donna ensuite. Il prêchoit souvent dans son Diocèse; mais ne le faisant que de l'abondance du cœur, nous n'avons rien de ce qu'il fit dans ce genre qui puisse être placé au premier rang. Fenelon.

La même raison qui nous a privé de plusieurs discours de *Fénélon* nous a enlevé ceux de *Bossuet*, qui comme l'illustre Archevêque de Cambrai, avoit le talent de prêcher sur le champ. Cette facilité peut quelquefois donner plus de chaleur au discours; mais peut-être il n'en vaudroit pas mieux s'il étoit écrit; car autant les choses méditées, dit le P. *Rapin*, surpassent celles qu'on dit sans méditation, autant les choses Bossuet.

écrites surpassent-elles celles qui sont méditées.

Moli-nier. Le recueil des discours de l'Abbé *Molinier* est un excellent fond de Sermons, d'un tour & d'une expression neuve, vive & énergique; mais son style n'est pas aussi châtié; il déplait par des termes trop souvent répétés, & par des mots bas & communs. Il y a quelques traits qui choquent, & qui marquent un esprit assez singulier.

Les Jésuites, dit M. l'Abbé *Trublet*, devoient toujours fournir si non absolument les meilleurs Prédicateurs, du moins un plus grand nombre de bons Prédicateurs. C'est ce que nous avons vu dans ce siécle. Le P. *Segaud* a laissé six volumes de Sermons, dans lesquels on trouve un grand fond d'instruction, beaucoup d'élégance & d'énergie, & sur-tout cette onction qui est si nécessaire à un Orateur chrétien. Il vivoit d'une maniere conforme à la morale qu'il prêchoit; c'étoit un homme simple; & qui, sous un extérieur peu imposant, cachoit un très-grand mérite.

Se-gaud.

Peru-ssault Le style des Sermons en 2. volumes *in*-12. du P. *Perussault*, autre Jésuite, distingué par son éloquence, est simple, mais pathétique. Le lecteur ne doit pas y chercher des métaphores agréables, des portraits brillans, des descriptions fleuries, des traits saillans, des chûtes épigrammatiques, des cadences harmonieuses; mais il y trouvera les maximes de l'Evangile rendues d'une maniere instructive & touchante. Le Pere *Perussault* avoit de l'ame; aussi est-il plein de chaleur. L'amour de Dieu l'embrasoit. Tout dans ses Sermons annonce ce sentiment. La Religion y paroît avec ces charmes, que lui prête un cœur éloquent, pénétré de sa vérité & de sa grandeur.

Que n'a-t'on pas dit pour & contre le célébre P. de *Neuville*? Les uns ont trouvé en lui une éloquence qui tient du sublime; les autres n'y ont vu qu'un pompeux & brillant verbiage; mais tournons-nous plûtôt du côté de la louange que de celui de la censure. "Quel beau génie, dit Mr. l'Abbé „ *Trublet*! Que d'esprit & de sentiment „ à la fois? J'ai trouvé des rapports „ entre M. *Bossuet* & *Corneille*. J'en „ trouve aussi entre le P. de *Neuville* „ & M. de *Voltaire*, & le premier me „ paroît, à plusieurs égards dans l'é- „ loquence, ce que le second est dans „ la poésie. J'espére qu'on ne désap-

Neuville.

„ prouvera point des comparaiſons où „ j'ai conſidéré les talens en eux-mê- „ mes, & indépendamment de l'uſage „ qu'on en fait; uſage d'autant plus „ blâmable, lorſqu'il eſt mauvais, que „ les talens ſont plus grands. „ Les Sermons du Pere de *Neuville* ne ſont pas encore imprimés.

Griffet. Le caractère du P. *Griffet*, formé ſur celui du P. *Bourdaloue*, eſt de ne s'écarter jamais de la morale chrétienne, d'y ramener tous ſes ſujets, & faire de chaque Sermon un petit traité complet en ſon genre. Il a encore ce ton aiſé, cet air ſimple & inſinuant qui fait bien plus d'impreſſion que tout le travail de l'art; & la compoſition ſans être négligée, ſent peu le cabinet, ce qui n'eſt pas un petit mérite. Quand on veut ne prêcher que l'Evangile, ou prêcher avec fruit, toucher, perſuader, il faut plus d'entrailles que de tête. Ses Sermons ſont en 4. vol. *in*-12.

Chapelain. La grande réputation du Pere *Chapelain*, Prédicateur du premier ordre, a mérité au recueil de ſes *Sermons* publié en ſix vol. *in*-12. l'accueil le plus diſtingué. On y trouvera des plans auſſi heureuſement ſaiſis que remplis, une marche noble & ſimple, beaucoup de force alliée à beaucoup d'onction; enfin cette éloquence vive & naturelle qui diſtingue ſi ſenſiblement le génie du talent formé par le ſeul travail.

Les diſcours imprimés à Avignon ſous le titre de *Sermons nouveaux ſur les vérités les plus intéreſſantes de la Religion*, en 2. vol. *in*-12., offrent des traits brillans, de belles périodes; mais l'auteur (le P. d'*Alegre*, Doctrinaire) a quelquefois des penſées plus éclatantes que ſolides. D'Alegre.

C'eſt auſſi dans cette ville que l'on a imprimé les Sermons de l'Abbé de *Ciceri* en ſix vol. *in*-12. On y trouve à la tête un avertiſſement qui fait honneur à ſon eſprit & à ſa modeſtie. „ On s'étonnera peut-être, dit-il, que „ pour donner mes Sermons au public „ j'aie attendu qu'il m'ait oublié. Il „ ſemble que je devois me produire „ plûtôt, ou me cacher pour toujours. „ Il eſt vrai auſſi que j'avois pris le „ parti de m'enſévelir dans les ténébres, n'oſant me flatter que mes „ diſcours puſſent avoir un mérite ſupérieur à la cenſure. „ Mais l'envie de ſatisfaire ceux qui veulent voir les différens tours que l'on peut donner Ciceri.

aux maximes de l'Evangile, le fit changer de dessein. " J'avoue, ajoute-„ t'il, que mes discours ne sont pas „ tous d'une égale force, quoiqu'ils „ traitent tous de la même matiere ; „ mais ils servent au moins à faire „ voir qu'on trouve dans les préceptes „ du Christianisme un fond inépuisa-„ ble qui fournit toujours de nouvelles „ réfléxions. „ Nous croyons que ce n'est pas là leur seul mérite. Une diction pure & naturelle, des desseins communément bien pris, des citations appliquées à propos, des mouvemens bien menagés, des raisonnemens & des preuves, voilà, dit l'auteur du *nouveau Dictionnaire historique*, ce qui lui assure une place parmi le petit nombre des Orateurs de la seconde classe.

Torné. Les Sermons de l'Abbé *Torné*, ci-devant Doctrinaire, imprimés en 1764. en trois vol. *in*-12., sont remarquables par quelques singularités heureuses qui lui ont réussi.

Les Protestans ont eu aussi des Prédicateurs distingués. Je mets à leur tête *Saurin*, dont les Sermons ont été imprimés plusieurs fois. C'étoit un ministre protestant retiré en Hollande. Il
Saurin.

prêcha avec beaucoup de force, de génie & d'éloquence; on ne trouve point dans ses discours ces imprécations & ces emportemens qui déshonoroient autrefois les Sermons des Calvinistes. Ils ne sont pas cependant exempts du venin de l'hérésie, & ils pourroient être écrits avec plus de pureté.

Tillotson.

On connoît les Sermons de *Tillotson* que son mérite fit placer sur le siége de Cantorbéry. Ce fameux Orateur étoit plein de raison, quoique né d'une mere qui en avoit été privée pendant plusieurs années. L'Ecriture-sainte & les Peres viennent dans ses Sermons à l'appui du raisonnement, qui est toujours vigoureux & pressant. Ce n'étoit point un Orateur du commun, & on le met à la tête des Prédicateurs anglois; mais il paroît qu'il ne seroit pas le premier des Orateurs françois. Nous demandons plus d'élégance & plus d'agrément, & il faut avouer que ces deux qualités ne paroissent que rarement dans les discours de *Tillotson*; du moins si l'on en juge par la traduction françoise que nous devons à *Barbeyrac*.

§. III.

DES PANÉGYRIQUES ET DES ORAISONS FUNÈBRES.

SI l'Orateur évangélique peut avoir des fleurs, c'est sur-tout dans les Panégyriques ; mais en les employant il faut qu'il le fasse naturellement.

Flé-chier. C'est le grand talent qu'ont possédé *Fléchier* & *Bossuet* dans leurs Oraisons funèbres. Ce genre d'ouvrage n'étoit, avant eux, que l'art d'arranger de beaux mensonges pour relever les fausses vertus des Grands, & souvent l'abus de la grandeur même. *Fléchier* fut un des premiers, qui dans l'éloge des morts fit des leçons aux vivans. Son éloquence est noble & harmonieuse. L'art n'y est pas toujours caché, & l'on sent qu'il dirige souvent la nature.

Bos-suet. Il n'y a pas tant d'élégance, ni une si grande pureté de langage, au jugement de M. l'Abbé *Colin*, dans *Bossuet*, que dans *Fléchier* ; mais on y trouve une éloquence plus forte, plus mâle, plus nerveuse. Le style de l'Evêque de Nîmes est plus coulant, plus arrondi, plus uniforme. Celui de l'Evêque de Meaux eſt, à la vérité, moins égal, moins pur, moins ſoutenu; il eſt cependant plus rempli de ces grands ſentimens, de ces traits hardis, de ces figures vives & frappantes qui caractériſent les diſcours des Orateurs du premier ordre. *Fléchier* excelloit dans le choix & l'arrangement des mots; mais on y entrevoit beaucoup d'attention pour la parure, & trop de penchant pour l'antithèſe qui eſt ſa figure favorite. *Boſſuet* plus occupé des choſes que des mots, ne cherche point à répandre des fleurs dans ſon diſcours, ni à charmer l'oreille par le ſon harmonieux des périodes. Son unique objet eſt de rendre le vrai ſenſible à ſes auditeurs. Dans cette vue, il le préſente par tous les côtés qui peuvent le faire connoître, & le faire aimer. Né pour le ſublime, il en a exprimé toute la majeſté, & toute la force dans pluſieurs endroits de ſes Oraiſons funèbres, & ſur-tout dans celle de *Marie* de France, Reine d'Angleterre, & de *Henriette-Anne* d'Angleterre, Ducheſſe d'Orléans. Ses diſcours, dit le P. de la *Rue*, étoient médités, plûtôt qu'étudiés & polis. Sa plume & sa mémoire y avoient moins de part que son cœur. Et comme il avoit le cœur pénétré des grandes vérités dont son esprit étoit plein, l'abondance & la variété ne lui manquoient jamais; mais on lui désiroit quelquefois la justesse & la propriété de l'expression.

Peu d'hommes destinés à parler en public, ont reçu de la nature des dispositions aussi favorables que celles

Mascaron qu'avoit le célébre *Mascaron*, Evêque d'Agen. Son extérieur prévenoit, & il étoit difficile, dès qu'il paroissoit, de lui refuser son attention. Port majestueux, son de voix agréable, geste naturel & réglé, il joignit à ces beaux dehors une éloquence forte & vive. Quoique moins orné que *Fléchier*, & moins sublime que *Bossuet*, moins touchant que *Massillon*, il tiendra toujours un rang distingué parmi nos Orateurs. Nous n'avons de lui que cinq Oraisons funèbres imprimées en 1702. *in*-12. & réimprimées en 1740. La plus parfaite est celle de *Turenne*. Il se surpassa lui-même dans ce discours; car les autres sont très-foibles, & pèchent contre le goût. On y ressent trop ce misérable bel esprit, ce goût de pointes

& d'antithèses que l'on préféroit vers le milieu du siécle dernier à ce beau naturel, à cette simplicité élégante, le vrai caractère de l'éloquence chrétienne.

Dans les Oraisons funèbres du Pere *Bourdaloue*, du P. de la *Rue*, & de M. l'Abbé *Anselme*, on trouve une beauté majestueuse, une douceur forte & pénétrante, un tour noble & insinuant, une grandeur naturelle & à la portée de tout le monde: & si ces Orateurs s'y sont proposés de célébrer dignement la vertu, on sent que leur but a été aussi d'en inspirer l'amour. Bourdaloue. La Rue. Anselme.

Les *Panégyriques* de *Fléchier* imprimés séparément en trois vol. *in*-12., montrent beaucoup de talent pour ce genre, qui tient à l'Oraison funèbre, & qui demande les ornemens & la pureté du style. Il y a des graces & de la force dans plusieurs de ses discours, mais il faut convenir, avec un excellent critique, que ces graces ont quelquefois un air d'affectation, & que sa force n'est souvent qu'un ton déclamateur. L'onction & la chaleur sont rares chez lui, parce qu'il avoit plus d'esprit que de génie, plus l'esprit des tours que celui des pensées, & beau- Fléchier.

coup plus l'eſprit de l'antithèſe que celui des autres tours. On pourroit même dire qu'il en avoit le talent, tant il manioit bien cette figure. Elle ſe préſentoit à lui très-ſouvent, & il la prodiguoit.

Maſ-ſillon Les Sermons de morale ne ſont pas les ſeuls où *Maſſillon* a excellé. Nous avons de lui des *Panégyriques* & des *Oraiſons funèbres*. La plûpart de ſes Panégyriques ſerviront de modèles aux Prédicateurs, qui voudront unir l'inſtruction de l'auditeur à l'éloge du Saint. Il faut cependant convenir que les premiers qu'il a compoſés, ne ſont pas de la force des autres; ils annoncent à la vérité un grand talent; mais ils ne le montrent pas encore tel qu'il a été depuis. Dans ſes *Oraiſons funèbres*, il loue dans les Grands les monumens qu'ils ont laiſſés de leur vertu; il regne dans quelques-unes une nobleſſe d'expreſſion égale à la grandeur du ſujet.

Segui M. l'Abbé *Segui* a laiſſé 2. volumes de *Sermons* & deux volumes de *Panégyriques*; mais c'eſt principalement par ceux-ci qu'il eſt connu. Son éloquence eſt vive & naturelle. Il y a quelques endroits foibles dans ſes diſcours, mais c'eſt ſouvent une ſuite néceſſaire de la différence

différence des sujets. La convenance du style à la matiere est une des principales regles de l'éloquence.

On a imprimé en 1765. *in*-12. les *Oraisons funèbres* de l'Abbé le *Prevot*. La marche de cet Orateur est pleine de dignité ; ses plans sont clairs, méthodiques & heureusement exprimés ; ses images sont vives ; son ton est touchant & onctueux. On y rencontre quelques-uns de ces grands traits dignes des beaux jours de l'éloquence françoise ; mais le style ne répond pas toujours à cette élévation. Il y a plusieurs morceaux qui manquent de précision, de pureté, d'élégance & de facilité. Le Prevot.

L'Abbé *Trublet*, si ingénieux lorsqu'il traite la morale philosophique, le paroît beaucoup moins dans ses *Panégyriques des Saints*, publiés pour la seconde fois à Paris, 1764., en deux vol. *in*-12. Un Journaliste, en faisant l'éloge de ces discours, trouvoit que l'auteur manquoit un peu de cette chaleur oratoire qui distingue les chaires chrétiennes des sociétés académiques. On peut ajouter à cette remarque, dit M. de *Querlon*, qu'ils sont écrits d'un style de conversation, ou de conférence, si l'on veut, qui va quelquefois Trublet.

jusqu'au familier & dégénére assez souvent en sécheresse didactique.

La Tour du Pin

Nous avons six volumes de Panégyriques de l'Abbé de la *Tour du Pin.* Ils ne sont point exempts de censure, soit pour l'application forcée des passages de la Ste. Ecriture, soit pour avoir outré quelquefois les caractères, à dessein d'établir entre différens Saints des comparaisons absolument étrangeres à la grandeur de ces héros & au mérite même du Panégyrique, soit enfin pour quelques antithèses favorites. Mais ses beautés éclipsent ses défauts. Ses discours sont l'ouvrage d'un Prédicateur véritablement éloquent, d'une imagination noble & brillante, d'un esprit orné, d'un sentiment vif & pathétique. Nous ne saurions auquel de nos Orateurs françois le comparer; il est plus neuf, plus varié & plus riche que la plûpart; mais il lui manque peut-être d'autres qualités plus essentielles. Il a laissé plusieurs autres discours qu'on doit imprimer.

Il y a des Orateurs qui sont plûtôt poëtiques qu'éloquens. Des images, des figures, de la magnificence dans le style, ce n'est pas l'éloquence, à proprement parler; c'est plûtôt la poésie. Tels sont pourtant les ornemens que l'Abbé de la *Tour*, Chanoine de Montauban, Ecrivain original, a employé dans ses *Panégyriques* publiés en trois volumes *in*-8°. La Tour.

Quoiqu'on ne cesse de nous annoncer la décadence de tous les genres de littérature, & en particulier celle de l'éloquence de la chaire, nous avons encore quelques Orateurs dignes d'être placés à côté de ceux du dernier siécle.

La fécondité des idées, les mouvemens & la rapidité du style, la noblesse & la vivacité des images, la philosophie & le sentiment, distinguent tous les écrits de M. l'Abbé de *Boismont* & en particulier son Panégyrique de St. *Louis* & son Oraison funèbre du *Dauphin*. Boismont

Le principal caractère de l'éloquence du P. *Bernard*, Genovefain, est une douceur tendre & touchante assortie à tous les sujets qu'il traite. Bernard.

C'est encore le caractère de Mr. l'Abbé *Clément*. Le ton touchant de la piété, l'onction, l'abondance, la science des applications, se font bien sentir dans tous ses écrits. Clément

Ce qu'on a imprimé de l'Abbé *Boule*, ci-devant Cordelier, est écrit Boule d'une maniere noble & correcte sans enflure & sans fard.

La Riviere. Mr. l'Abbé de la *Riviere*, ancien Evêque de Troyes, est un Orateur exact, poli, élégant, dont les discours brillent par la netteté du plan, le choix de l'expression, l'harmonie du style. S'il emploie l'art, il sçait le déguiser ; & il ne travaille ses ouvrages que pour cacher les efforts du travail. On fait le même éloge de Mrs. *Fresneau*, *Cren*, le *Couturier*, &c. &c.

Guyot. M. l'Abbé *Guyot*, Aumônier de M. le Duc d'Orléans, est un Orateur distingué dans tous les genres d'éloquence. L'usage qu'il fait de l'Ecriture sainte, prouve qu'elle lui est plus familiere, qu'à beaucoup d'autres Orateurs du même ordre, & qu'il entend l'art des applications. Son style est naturel sans en être moins éloquent : & il sçait embellir un sujet sans le charger.

L'Ev. de Senlis. M. l'Evêque de Senlis a l'art de peindre noblement les sentimens de l'ame de ceux qu'il célébre. La grandeur des pensées releve chez lui la vivacité des peintures. La noblesse des idées, la variété des images, la pureté de la diction, tout annonce en lui un grand maître.

Le Pere *Elisée*, Carme, a eu & a encore de grands succès, & il les mérite à certains égards; mais dans ce qu'on a vu de lui son style paroît trop manieré. Ce qui fera dégénérer l'éloquence parmi nous, c'est l'envie qu'ont tous nos Orateurs de donner à leur style cette espêce de force qui trop souvent tient à la dureté. Ils affectent une rapidité, qui en pressant trop les objets, les confond. Ils ne se défendent pas assez de cette finesse qui supprime trop d'idées intermédiaires, pour en faire déviner d'autres. Enfin cette profondeur pénible qui affecte d'enfermer dans une pensée le germe de vingt pensées, est le poison de l'éloquence déclamée; & c'est celle pour laquelle les Orateurs du jour montrent le plus de goût. Elisée.

Je voudrois pouvoir rendre hommage à tous les hommes éloquens qui se distinguent dans les chaires de la Capitale, mais cette nomenclature auroit trop l'air d'un Dictionnaire d'épithètes.

§. IV.

Des Livres composés pour aider les Prédicateurs.

Richard JEan *Richard*, Avocat sans cause, s'érigea en Prédicateur. Il prêcha toute sa vie, non pas dans les chaires, où son état ne lui permettoit pas de monter, mais par écrit; & ce qui paroîtra peut-être plus étonnant, il prêcha solidement. Nous lui devons plusieurs recueils de Sermons, dans lesquels il paroît plus Théologien qu'Orateur. Mais il est principalement connu par le *Dictionnaire moral*, ou *la Science universelle de la Chaire*, en six vol. *in*-8°. & en huit vol. *in*-12. On y trouve deux Sermons sur chaque sujet de morale. On ne peut nier, que ce recueil ne renferme beaucoup d'instructions utiles; mais on a prétendu qu'il étoit plus propre à favoriser la négligence des jeunes Prédicateurs qu'à les former à la véritable éloquence.

Le plan de *Richard* a été perfectionné par l'auteur du *Dictionnaire apostolique, à l'usage de ceux qui se destinent à la chaire*. Le but que l'auteur s'y propose, est de faciliter le travail à ceux qui sont chargés de l'instruction des peuples de la campagne, où la disette des choses spirituelles se fait principalement sentir. Cet ouvrage bien fait & savant, est en 13. volumes *in*-8°., dont les six premiers renferment environ cinquante sujets de la morale chrétienne les mieux choisis & les plus propres à porter à la pratique de la vertu; les autres contiennent les mystères, les fêtes de la Vierge & les Panégyriques, &c. &c.

Un plus long détail sur ce livre utile ne seroit pas de mon ressort. Il faut bien se donner de garde de le confondre avec la *Bibliothèque des Prédicateurs* du Pere *Houdry*. Il y a plus de choix dans le *Dictionnaire apostolique*, moins de choses inutiles, & plus de traits d'une véritable éloquence. D'ailleurs le livre du Pere *Houdry* renferme vingt-deux gros volumes *in*-4°., & il y a bien peu de gens, sur-tout parmi les Curés de la campagne, qui soient en état de se le procurer; cela emporteroit une année du revenu de leur Cure. Il leur en coûtera moins, pour avoir le *Dictionnaire apostolique*, dans lequel ils trouveront des sujets plus convenables aux peuples qu'ils ont à instruire, puisque c'est pour eux, qu'il a été fait principalement. L'auteur de ce livre est le Pere *Hyacinthe* de *Montargon*, Augustin de la place des Victoires, Religieux considéré dans son Ordre, estimé dans le monde, Prédicateur connu, qui après avoir prêché à la Cour avec succès, n'a pas dédaigné d'écrire pour les habitans de la campagne.

Montargon.

Dinouart.

Le *Manuel alphabétique des Prédicateurs*, par M. l'Abbé *Dinouart* en 2. volumes *in*-8°. peut être aussi très-utile à ceux qui se destinent à la chaire ; & ce livre est moins volumineux, & par conséquent plus commode que le *Dictionnaire apostolique*.

§. V.

ORATEURS DU BARREAU.

LE Barreau françois fut long-tems livré, ainsi que la Chaire, à la plus grossiere barbarie. Le mauvais goût qui y regna long-tems, faisoit souvent intervenir *Homère* dans le procès pour un bénéfice ; & St. *Augustin* dans la cause d'un vinaigrier. On peut se rappeller ici ce mot d'un Avocat, homme d'esprit, à son adversaire, qui, dans une affaire où il ne s'agissoit que d'un mur mitoyen, parloit de la guerre de Troye & du fleuve Scamandre. Il l'interrompit en disant: *La Cour observera que ma Partie ne s'appelle pas Scamandre, mais Michault.*

Le *Maitre* & *Patru* furent les premiers qui purgerent le Barreau de cette grossiéreté tudesque; mais quoiqu'ils ayent eu de la réputation dans leur tems, il faut avouer qu'ils en ont bien peu dans le nôtre. On ne peut les regarder que comme des esprits justes, des écrivains exacts; ils ont peu de chaleur & presque point d'éloquence. *Gautier*, leur contemporain, avoit la déclamation forte, beaucoup de feu, une imagination aussi brillante que féconde, une action qui entraînoit après elle le suffrage de ses juges & l'esprit de ses auditeurs. Cet Avocat excelloit dans la réplique, & son éloquence vive & bouillante l'avoit rendu redoutable. Ses plaidoyers parurent à Paris en 1698. *in*-4°. Quelques éloges qu'on leur ait donné, il y a plus d'esprit, de délicatesse, d'éloquence & de pureté dans ceux de M. *Erard*,

Le Maitre. Patru.

Gautier.

imprimés à Paris en 1734. *in*-8°., surtout dans celui qu'il fit pour M. le Duc de Mazarin.

Il est plus d'une route pour parvenir au faîte de l'éloquence. Celle de M. *Gillet* a pour caractère distinctif la majesté, une noble simplicité, une érudition presque sans bornes, & l'union aussi rare qu'estimable de la délicatesse & de la force du brillant & de la solidité. Ses plaidoyers publiés en 1696. ont eu l'honneur de la réimpression en 1718. en 2. vol. *in*-4°.

Gillet

Parmi les recueils des piéces d'éloquence du Barreau, un des plus estimés est celui des plaidoyers de *Mathieu Terrasson* publiés en 1737. On a dit qu'il étoit plus éloquent que savant. Il est vrai qu'il a trop de cette espèce d'esprit qui consiste à donner à tout ce qu'on dit un tour ingénieux & brillant. Son éloquence, quoique très-solide quant au fond des pensées, est peut-être trop fleurie, trop ornée, trop délicate, & par-là moins grave, moins sérieuse, & moins naturelle que celle qui convient au Barreau. C'est l'éloquence d'*Isocrate* plûtôt que celle de *Démosthènes*.

Terrasson

Sacy. M. de *Sacy*, Membre de l'Académie françoise & Avocat au Conseil, publia en 1724. en deux vol. *in*-4°. un recueil de *Factum* & de *Mémoires*. Les jeunes Jurisconsultes y trouveront des modèles pour tous les genres d'affaires dont ils peuvent être chargés, des points d'histoire éclaircis par une judicieuse critique, des questions de droit traitées avec grace, des procédures même débrouillées avec tant de netteté, que le lecteur oublie souvent qu'on l'entretient de chicane. Son éloquence est aussi agréable que variée; elle sçait se proportionner aux sujets qu'elle traite; sublime dans les causes majeures, douce & insinuante dans les autres, & toujours ornée de traits ingénieux & délicats. Le style en est pur & châtié. M. de *Sacy*, ne croyoit pas qu'il lui fût permis de négliger les regles de la langue; plus les matieres sont séches & peu intéressantes, plus il semble qu'il ait pris à tâche d'en sauver l'ennui par le choix des termes, & l'exactitude de la diction. Ce qu'on pourroit lui reprocher, c'est d'avoir quelquefois laissé dans son style quelque chose d'affecté, de trop peigné, & qui se sent un peu trop du style de *Pline*, son auteur favori.

La gloire de tous les Orateurs que je viens de citer fut éclipsée par le célébre *Cochin*. Nourri de la lecture des anciens Orateurs, & connoissant à fond le Droit Romain & les Loix du Royaume, il parut au commencement de sa carriere armé d'un éloquence vraie, sublime & pleine de choses, mais toujours propre à la cause qu'il défendoit. Il simplifioit autant qu'il étoit possible les questions les plus compliquées, persuadé qu'on ne peut trop ménager l'attention de ses auditeurs. Les maîtres d'éloquence donnent pour regle de choisir dans une cause, les deux moyens les plus concluans, l'un pour ouvrir, l'autre pour fermer la marche, & de placer au centre ceux qui sont les moins capables de résister à l'ennemi; mais *Cochin* cherchoit à fixer d'abord l'incertitude des juges en débutant par le moyen le plus décisif. Il le faisoit paroître sous différens jours dans toute la suite de son plaidoyer, & dans la discussion des autres moyens. Par cette sage précaution, son moyen victorieux communiquant par-tout sa vigueur & sa force, tous les endroits de son discours paroissoient également convain-

Cochin.

quans. " Si j'avois à nommer, dit
„ l'Abbé *Trublet*, celui de tous les hom-
„ mes qui me paroît avoir été le plus
„ parfait dans sa profession, dans son
„ art, dans son talent, &c. je nom-
„ merois feu Mr. *Cochin*. Ce grand
„ Avocat eût pu être aussi un grand
„ Prédicateur; le pathétique ne lui
„ auroit pas manqué; on en a la
„ preuve dans ceux de ses Mémoires où
„ il a eu occasion de l'employer; mais
„ les plaidoyers qu'il faisoit sur le
„ champ, le prouvent mieux encore.
„ Alors se livrant à tout le feu qui lui
„ étoit naturel, & qu'excitoit encore
„ l'action de l'Orateur & la vue d'une
„ assemblée infiniment attentive, M.
„ *Cochin* parlant sans avoir écrit, por-
„ toit les mouvemens à un degré de
„ force & de chaleur, où peut-être
„ n'auroit-il pu les porter en écrivant.„
Les œuvres de cet illustre Avocat contenant ses *Mémoires & Consultations*, ont été publiées à Paris en six volumes *in*-4°.

Ses adversaires même se faisoient une gloire de rendre publiquement hommage à ses talens. Le célébre *Normant*, son concurrent, lui dit un jour en sortant de l'audience: *Non, je n'ai* Normant.

de ma vie rien entendu de si éloquent. Notre Orateur lui répondit : *On voit bien, Monsieur, que vous n'êtes pas de ceux qui s'écoutent avec complaisance.* En effet, *Normant* étoit né avec beaucoup d'élévation d'esprit, un discernement sûr, & un amour sincere du vrai. Il joignoit à ces dons précieux de la nature, le talent de la parole, une éloquence mâle, la beauté de l'organe & les graces de la représentation. Il avoit l'esprit si pénétrant & si juste, qu'on auroit été tenté de croire qu'il démêloit par-tout le vrai, plûtôt par sentiment & par instinct, que par étude & par réfléxion. Aussi disoit-on communément de lui, qu'*il dévinoit la loi, & qu'il dévinoit juste.*

Les *Cochin* & les *Normant* ont trouvé des successeurs dignes d'eux. On sçait que si l'éloquence de la Chaire a dégeneré, celle du Barreau se soutient avec une distinction peu commune. Les *Gerbier*, les *Beaumont*, les *Mariette*, les *Linguet*, les *Loïseau*, seront comptés parmi nos meilleurs citoyens & nos plus grands Orateurs. « Plusieurs Avocats » françois, dit l'auteur des *Nouveaux* » *Mêlanges*, sont devenus dignes d'ê» tre des Sénateurs Romains. Pourquoi

„ ſont-ils devenus déſintéreſſés & pa-
„ triotes, en devenant éloquens ? C'eſt
„ qu'en effet les beaux Arts élévent
„ l'ame ; la culture de l'eſprit en tout
„ genre anoblit le cœur. L'aventure,
„ à jamais mémorable des Calas, en
„ eſt un grand exemple. Quatorze
„ Avocats de Paris s'aſſemblent plu-
„ ſieurs jours ſans aucun intérêt, pour
„ examiner ſi un homme roué à deux
„ cens lieuës de-là eſt mort innocent
„ ou coupable. Deux d'entr'eux, au
„ nom de tous, protégent la mémoire
„ du mort & eſſuyent les larmes de la
„ famille. L'un des deux conſume deux
„ années entieres à combattre pour
„ elle, à la ſecourir, à la faire triom-
„ pher. „

Les Avocats que nous avons cités n'ont pas donné encore le recueil de leurs plaidoyers ; mais M. *Manouri*, leur confrere, ne les a pas imité, & le public lui en ſçait gré. Il nous a donné la collection de ſes *Plaidoyers & de ſes Mémoires* en pluſieurs vol. *in-12.* qui a été parfaitement accueillie. Toutes les cauſes qu'il traite ont des ſingularités, & le talent particulier de l'auteur eſt de les préſenter encore de la maniere la plus piquante. Manouri

C'étoit précisément ce talent qui manquoit au verbeux *Gayot de Pitaval* qui a compilé les vingt volumes des *Causes célébres & intéressantes*. Le projet étoit bon, mais il manque de goût dans l'exécution; & il est fâcheux que le laborieux auteur n'ait point épargné à ses lecteurs des causes qui n'ont rien d'intéressant, l'ennui des répétitions, des vastes analyses, des réfléxions galantes & morales, & des digressions sur sa famille & sur lui-même. Il ne vouloit pas laisser ignorer au public comment il étoit devenu Avocat. Las de ne gagner à la guerre que des lauriers stériles, il prend congé brusquement du Dieu *Mars*, fait connoissance avec le Dieu de l'hymen & délibere ensuite sur le parti qu'il doit prendre dans le monde. Erigeons-nous, dit-il en Avocat. La noblesse de cette profession sympathise avec celle de ma naissance. Mais il faut avoir une Bibliothèque dans la tête & j'ai de l'ignorance à fond. N'importe; il sçait qu'il a des yeux & de la mémoire, il se flatte que cela réussira. Il compose d'abord un *Factum* en faveur d'une femme mariée qui disputoit un enfant à une fille, & ce Mémoire ayant été

Gayot de Pitaval.

bien reçu du public, *on fut*, dit-il, *endiablé à me croire habile homme, & on me porta des procès de tous côtés*. Voilà donc M. *Gayot* Avocat, qui se charge de causes, où il ne falloit que de l'éloquence & du bel esprit, & point du tout de sçavoir. Enfin ayant mis bas l'épée, il prit des dégrés; & lorsqu'il fut gradué & muni d'un parchemin scélé du sceau de l'Université, *il ne fut plus permis*, dit-il, *de douter de sa profonde capacité* ou plûtôt de son ineptie. Elle paroît toute entiere dans ses *Causes célébres*, dont un autre Avocat M. de la *Ville* nous a donné une continuation en 1766. en trois vol. *in*-12. beaucoup mieux faite que l'ouvrage prolixe de M. de *Pitaval*. La Ville.

Mais on lira encore avec beaucoup plus de plaisir les *Causes amusantes*, petit recueil en 2. vol. *in*-12. où le sérieux de la Jurisprudence est assaisonné du sel de la plaisanterie.

Un des recueils qui peuvent le plus servir à un Avocat, est celui des œuvres de M. le Chancelier *Daguesseau*, publiées en plusieurs volumes *in*-4°. Daguesseau. Toutes les matieres de la Jurisprudence y sont traitées; mais avec cette supériorité de génie qui étoit propre à cet illustre Magistrat. On distingue deux sortes d'éloquence, celle des choses & celle des mots : elles sont toujours inséparables dans ses écrits. On disoit de lui qu'il pensoit en Philosophe, & parloit en Orateur. Il étoit pour lui-même le censeur le plus rigide de ses ouvrages, & l'idée qu'il s'étoit formée du beau, étoit si parfaite qu'il ne croyoit jamais en avoir approché; c'est pourquoi il corrigeoit sans cesse. Un jour il consulta M. *Daguesseau*, son pere, sur un Discours qu'il avoit extrêmement travaillé, & qu'il vouloit retoucher. Son pere lui répondit avec autant de finesse que de goût : *Le défaut de votre ouvrage est d'être trop beau ; il seroit moins beau si vous le retouchiez encore.*

Dans le tems que cet éloquent Magistrat parut, les seuls modèles étoient dans la capitale & encore très-rares. Une raison supérieure s'est faite entendre dans nos derniers jours du pied des Alpes & des Pyrenées au Nord de la France. La Philosophie en rendant l'esprit plus juste, & en bannissant le ridicule d'une parure recherchée, a rendu plus d'une province l'émule de la Capitale. La véritable éloquence, qu'on ne connoissoit guéres qu'à Paris, a tout d'un coup fleuri dans plusieurs villes; témoins les discours sortis ou du Parquet, ou de l'assemblée des Chambres de quelques Parlemens, discours qui sont des chefs-d'œuvre de l'art de penser & de s'exprimer, du moins à beaucoup d'égards. Voyez les discours de M. M. de *Montclar*, de la *Chalotais*, de *Castillon*, de *Servant* & d'autres qui pensent avec la même noblesse & s'expriment avec la même force.

§. VI.

DES DISCOURS ET DES ÉLOGES ACADÉMIQUES.

LEs fleurs de Rhétorique dans l'éloquence sont comme les fleurs bleues & rouges dans un champ semé de bled. Elles sont agréables pour ceux qui ne veulent que s'amuser, mais nuisibles à celui qui veut tirer du profit de sa moisson. C'est la pensée de *Pope*, & c'est celle qu'on peut appliquer à beaucoup de discours académiques. Ceux que l'Académie Françoise a recueillis en cinq vol. *in*-12. ne seroient peut-être pas exempts de cette application, sur-tout s'il s'agit des discours des premiers Académiciens. " Il est „ aisé de voir, dit un Membre de ce „ Corps, par quelle fatalité presque „ tous ces discours académiques, lui „ ont fait si peu d'honneur : *Vitium est* „ *temporis, potiùs quàm hominis.* L'u„ sage est insensiblement établi que „ tout Académicien répéteroit ces élo„ ges à sa réception : Ç'a été une es„ pêce de loi d'ennuyer le public. Si „ l'on cherche ensuite pourquoi les „ plus grands génies qui sont entrés „ dans ce Corps, ont fait quelquefois „ les plus mauvaises harangues, la „ raison en est encore bien aisée ; c'est „ qu'ils ont voulu briller ; c'est qu'ils „ ont voulu traiter nouvellement une „ matiere toute usée. La nécessité de „ parler, l'embarras de n'avoir rien à „ dire & l'envie d'avoir de l'esprit, „ sont trois choses capables de rendre „ ridicule même le plus grand nom„ bre. Ne pouvant trouver des pensées „ nouvelles, ils ont cherché des tours „ nouveaux, & ont parlé sans penser, „ comme des gens qui mangeroient à „ vuide, & feroient semblant de man„ ger en périssant d'inanition.

„ Au lieu que c'eſt une loi dans l'A-
„ cadémie Françoiſe, de faire imprimer tous ces diſcours par leſquels ſeuls elle eſt connue, ce devroit être une loi de ne les imprimer pas. „

Cependant malgré la ſévérité de ce jugement & le dégoût du public pour ces ſortes de diſcours, j'oſe avouer que j'en ai lu un grand nombre avec plaiſir. Ceux que *Fontenelle*, la *Motte*, M. M. *Duclos*, d'*Alembert*, *Buffon* ont prononcé, ſont ce qu'il y a peut-être de mieux écrit en notre langue. Mais pluſieurs ont un mérite bien plus important que celui du ſtyle & du pur bel eſprit. On y trouve des choſes, des penſées, des principes lumineux ſur divers points de la belle Littérature, les caractères de nos principaux auteurs parfaitement bien tracés, &c. Ainſi, comme ces diſcours ne ſe reliſent guéres, je crois qu'on pourroit en faire des extraits qui formeroient un recueil également inſtructif & agréable.

Depuis l'établiſſement de l'Académie Françoiſe, & à l'exemple de cette illuſtre Compagnie, on a vu naître en des tems différens dans quelques villes du Royaume d'autres Académies, dont l'un des objets eſt de cultiver l'éloquence françoiſe. Il n'eſt pas queſtion d'examiner ſi cet objet eſt rempli & s'il eſt vrai que ces Compagnies *faſſent perdre des hommes à l'Etat ſans en acquérir aux Lettres*, comme le dit M. d'*Alembert*. Laiſſant à part cette queſtion, il faut convenir que les recueils des Académies de Province offrent quelquefois des morceaux dignes de la Capitale. Mais il ſeroit difficile de les détailler, & ces collections ſont ſi multipliées & ſi immenſes, qu'en indiquant ce qui peut y avoir de bon, nous n'aurions rien fait pour nos lecteurs. Il vaut mieux paſſer à des ouvrages plus connus, aux différens éloges hiſtoriques qu'on publie dans la Capitale.

Quoique le ton de ces ſortes d'éloges ne doive pas être celui d'un diſcours oratoire, ils appartiennent cependant à ce genre d'éloquence que les Latins appellent *Tempéré*. Le ſtyle en eſt plus ſimple que dans les Oraiſons funèbres; mais cette ſimplicité doit être jointe à beaucoup d'eſprit & ne pas manquer de chaleur. " Les réfléxions philoſo-
„ phiques, dit M. d'*Alembert*, ſont
„ l'ame & la ſubſtance de ce genre

„ d'écrits ; tantôt on les entremêlera „ au récit avec art & briéveté ; tantôt „ elles seront rassemblées & dévelop- „ pées dans des morceaux particuliers, „ où elles formeront comme des mas- „ ses de lumiere qui serviront à éclai- „ rer le reste.

„ C'est en cela que l'illustre Secré- „ taire de l'Académie des Sciences M. „ de *Fontenelle*, a sur-tout excellé ; „ c'est par-là qu'il fera principalement „ époque dans l'histoire de la Philo- „ sophie ; c'est par-là enfin qu'il a „ rendu si dangereuse à occuper au- „ jourdhui la place qu'il avoit remplie „ avec tant de succès. Si on peut lui „ reprocher de légers défauts (& „ pourquoi ne hazarderions-nous pas „ une critique qui ne le touche plus, „ & qui ne pourroit effleurer sa gloire ?) „ C'est quelquefois trop de familiarité „ dans le style ; quelquefois trop de „ recherches & de rafinement dans les „ idées ; ici une sorte d'affectation à „ montrer en petit les grandes choses ; „ là quelques détails puérils peu di- „ gnes de la gravité d'un ouvrage phi- „ losophique. Voilà pourtant, qui le „ croiroit, en quoi la plûpart de nos „ faiseurs d'éloges ont cherché à lui

Fontenelle.

„ ressembler. Ils n'ont pris du style de „ M. de *Fontenelle* que ces taches lé„ geres, sans en imiter la précision, „ la lumiere & l'élégance. Ils n'ont „ pas senti que si les défauts de cet „ Ecrivain célébre blessent moins chez „ lui qu'ils ne feroient ailleurs, c'est „ non-seulement par les beautés, tan„ tôt frappantes, tantôt fines, qui les „ effacent, mais parce qu'on sent que „ ces défauts sont naturels en lui, & „ que le propre du naturel, quand il „ ne plaît pas, est au moins d'obtenir „ grace. Son genre d'écrire lui appar„ tient absolument, & ne peut passer, „ sans y perdre, par une autre plume; „ c'est une liqueur qui ne doit jamais „ changer de vase. Il a eu, comme „ tous les bons Ecrivains, le style de „ sa pensée. Le style quelquefois né„ gligé, mais toujours original & „ simple, ne peut représenter fidéle„ ment que le genre d'esprit qu'il avoit „ reçu de la nature, & ne sera que le „ masque d'un autre. Or le style n'est „ agréable qu'autant qu'il est l'image „ naïve du genre d'esprit de l'auteur, „ & c'est à quoi le lecteur ne se mé„ prend guéres, comme on juge qu'un „ portrait ressemble sans avoir vu l'o„ riginal.

„ riginal. Ainsi pour obtenir quelque „ place après M. de *Fontenelle* dans „ la carriere qu'il a si glorieusement „ parcourue, il faut nécessairement „ prendre un ton différent du sien. Il „ faut de plus, ce qui n'est pas moins „ difficile, accoutumer le public à ce „ ton, & lui persuader qu'on peut „ être digne de lui plaire, en le con„ duisant par une route qui ne lui est „ pas connue. „

M. de *Mairan*, successeur de M. de *Fontenelle* dans la place de Secrétaire de l'Académie des Sciences, ne l'imita pas servilement; mais il ne parut pas loin de son modèle dans l'art délicat de dire le bien & le mal sans partialité & sans flatterie, & de tracer des portraits ressemblans entremêlés de particularités piquantes. Mairan.

Quelques personnes qui ont plus de goût que d'esprit préférent les éloges composés par M. de *Boze*, Secrétaire de l'Académie des Belles-Lettres, à ceux de M. de *Fontenelle*. L'auteur a moins de finesse que le Secrétaire de l'Académie des Sciences; mais il écrit naturellement. Il sçait également bien manier les sujets nobles, comme les sujets plus simples. Boze.

Par-tout on sent un peintre habile qui assortit son pinceau aux différens caractères qu'il veut représenter. Ses éloges sont en trois volumes *in-12*. Il faut y joindre ceux que M.M. *Freret*, de *Bougainville* & le *Beau*, Secrétaires de la même Académie, ont publiés ensuite. Ils méritent d'être lus pour la correction & l'élégance du style.

Depuis quelque tems l'Académie françoise a donné pour sujet du prix qu'elle distribue tous les ans, les éloges de nos plus grands hommes. Celui de nos Ecrivains qui a été le plus souvent couronné par cette Compagnie, a été M. *Thomas* qui a célébré successivement *Daguesseau*, *Dugaitrouin*, *Sulli*, *Descartes*. Chacun de ces éloges est un torrent d'éloquence que l'on voit couler d'une veine abondante & vive, mais quelquefois trop emporté par sa pente, & qui inonde ce qu'il ne devroit qu'arroser. Cet heureux défaut qui caractérise le vrai talent de l'élocution, & qui reste bien compensé par un ton de philosophie, par des réfléxions pleines de chaleur, par quelques vérités courageuses, & par des traits mâles qui paroissent avoir plu généralement. On désireroit seulement que l'auteur entassât moins de comparaisons l'une sur l'autre ; qu'il affectât moins d'user de quelques termes de physique ingénieusement appliqués, mais trop abstraits pour bien des lecteurs, & vicieux par la seule affectation ; qu'enfin il eût moins employé de ces expressions parasites, ou de ces mots à la mode que les petits écrivains ne manquent pas de copier, mais dont se préservent ceux qui sçavent écrire & penser d'après eux-mêmes. M. *Thomas* joint à tous ses éloges d'excellentes notes, dont on ne doit pas lui tenir moins de compte que du fond même du discours. Il y a même quelques lecteurs qui les préférent au corps de l'ouvrage. On y voit tout l'esprit, tout le sçavoir de M. *Thomas*, sans les mêlanges étrangers que la Rhétorique a quelquefois fait entrer dans ses écrits.

L'Académie françoise & plusieurs autres Sociétés littéraires ont donné un choix des discours qu'elles ont couronnés ; le détail en seroit trop long ; ces sortes de livres sont d'ailleurs fort communs. On remarque presque dans tous de l'imagination & de l'esprit ; mais nos Ecrivains d'aujourdhui ne ſe défendent pas aſſez de l'emphaſe & du néologiſme. La plûpart écrivent en proſe comme *Brebeuf* écrivoit en vers.

Ce ſeroit aux Académies qui excitent par des prix l'émulation des jeunes gens à les contenir dans les bornes néceſſaires, non en couronnant les ouvrages où domine l'imagination, mais ceux où brillent la juſteſſe & le goût. Alors les récompenſes qu'elles donnent ſeroient vraiment utiles; car je ne penſe point comme certains cenſeurs atrabilaires, que les prix diſtribués par les Académies n'ont ſervi à rien. " Le plus ſûr moyen de perfec„ tionner les talens, dit M. la *Motte*, „ eſt d'aſpirer à un prix que des juges „ éclairés diſpenſent, & de le diſputer „ à des concurrens qu'on doit tou„ jours ſuppoſer redoutables. Cette „ double vue, de juges qu'il faut ſa„ tisfaire, & de rivaux qu'il faut ſur„ paſſer, fait faire à l'eſprit tout l'ef„ fort dont il eſt capable. Un auteur, „ qui ſans concurrens, abandonne un „ ouvrage au public, ſe contente „ d'ordinaire de le trouver bon; celui „ qui diſpute un prix, veut que ſon „ ouvrage ſoit le meilleur. Son ambi-

„ tion eſt un cenſeur qui ne pardonne „ rien ; elle étend ſes lumieres ; elle „ ſoutient ſa vigilance ; elle l'avertit „ ſans ceſſe qu'il n'a pas aſſez bien fait „ s'il peut faire mieux , & la crainte „ d'être vaincu par un autre, fait pour „ ainſi dire qu'il ſe ſurpaſſe lui-même.

CHAPITRE VI.

Des Livres qui traitent de la Rhétorique.

§. I.

Des ouvrages des Anciens ſur la Rhétorique , & des traductions qui en ont été faites en françois.

LEs Grecs ont été les premiers qui ont donné des regles d'Eloquence, quoique ce peuple ingénieux pût s'en paſſer plus facilement qu'un autre. De tous ceux qui brillerent en ce genre , il n'y en a point qui ayent mieux réuſſi qu'*Ariſtote*. On trouve dans ſa Rhétorique de l'ordre , de l'exactitude & une grande ſuite de principes & de raiſonnemens bien liés. Les préceptes que ce Rhéteur philoſophe fournit ſur

Ariſtote.

le genre déliberatif, le démonſtratif & le judiciaire; la peinture qu'il fait des mœurs de chaque âge, de chaque état, de chaque condition, la maniere dont il explique les moyens d'exciter ou de calmer les paſſions; les inſtructions qu'il donne par rapport aux preuves, aux caractères de la bonne élocution, au choix des mots, à la ſtructure de la période, & à toute l'œconomie du diſcours oratoire, montre qu'il n'ignoroit rien de ce qui eſt eſſentiel à l'éloquence, & qu'il en avoit approfondi toutes les parties. C'eſt le ſentiment du P. *Rapin* & tous ceux qui ont lu l'ouvrage d'*Ariſtote* ont applaudi à l'éloge que ce ſavant Jéſuite en fait. Mais en général, la diction de ce Rhéteur a un air ſec, triſte & ſcholaſtique. M. de *Voltaire* le traite avec plus d'indulgence; il prétend que tous ces préceptes reſpirent la juſteſſe éclairée d'un Philoſophe & la politeſſe d'un Athénien; & en donnant les regles de l'éloquence, il eſt, dit-il, éloquent avec ſimplicité.

Caſſandre. *François Caſſandre*, le même que *Boileau* a peint comme un miſanthrope, donna en 1675. *in*-12. une traduction françoise de la Rhétorique d'*Aristote*, qui est claire, exacte & fidéle, mais qui pourroit être plus élégante. Il joignit des remarques pour éclaircir quelques endroits de l'ouvrage même, l'un des plus difficiles que nous ayions & que les différentes versions latines ont encore obscurci.

Les Grecs ont eu un autre Rhéteur, non moins profond qu'*Aristote*, & plus agréable ; c'est *Longin*. Son traité du *Sublime* n'est pas l'ouvrage d'un pédant froid & sec. En traitant des beautés de l'élocution, il en a employé toutes les finesses. Souvent il donne lui-même l'exemple de la figure qu'il enseigne ; & en parlant du sublime, il est quelquefois sublime, sans pourtant s'écarter trop du style didactique. Ce petit traité est une piéce échappée du naufrage de plusieurs autres livres que cet illustre auteur avoit composés. Il ne faut pas en négliger la lecture. La traduction françoise que *Boileau* en a donné, a rendu la copie facile & aussi agréable à lire que l'original. Longin.

Si des Grecs nous passons aux Latins, nous trouvons d'abord *Ciceron* Ciceron.

qui fut le maître, ainsi que le modèle, de la véritable éloquence. Après avoir donné les exemples dans ses harangues, il donna les préceptes dans son livre de l'Orateur. Il suit presque toujours la méthode d'*Aristote*, & s'explique avec le style de *Platon*. Ce traité fut un des fruits de la vieillesse de ce grand homme. M. l'Abbé *Colin* en publia une excellente traduction en 1737., exactitude, fidélité, élégance, on y trouve tout ce qu'on devoit attendre d'un auteur familier avec les Orateurs anciens & modernes, & couronné trois fois par l'Académie françoise.

Il ne faut pas confondre ce traité de *Ciceron* avec ses *Entretiens sur les Orateurs illustres*. Ce dernier ouvrage est une espêce d'application des préceptes contenus dans l'autre. *Ciceron* y fait une revue de tous ceux, qui, avant lui, ou même de son tems, s'étoient distingués dans cet art. Il porte un jugement sain & précis de leurs ouvrages; il en découvre les beautés comme les défauts. Les Muses & les Graces semblent avoir travaillé de concert à ces Entretiens; mais on ne peut pas donner le même éloge à la traduction que M. de *Villefore* en publia en 1726. *in*-12. On n'y trouve point l'élégance de l'original, & le sens n'est pas toujours rendu. Mais il est vrai que *Ciceron* n'est pas un auteur facile à manier, & c'est beaucoup d'en approcher.

Quintilien, sous l'Empereur *Galba*, tint école de Rhétorique, & enseigna avec la même distinction que *Ciceron* avoit harangué. Après vingt ans d'instruction publique, il se retira & donna un Traité *sur les causes de la corruption de l'éloquence* dont on regrette la perte. Ses *Institutions oratoires* que nous possédons, sont une Rhétorique complette que l'on vante avec raison, & qui n'a d'autre défaut que d'être trop prolixe. Quintilien.

Ses préceptes brillant d'une lumiere pure,
Semblent être puisés au sein de la nature.
C'est ainsi qu'avec art dans les dépôts de Mars,
Sont rangés les drapeaux, les piques & les dards.
Non pour offrir aux yeux une parade vaine ;
Mais placés avec ordre on les trouve sans peine.

C'est ce que dit *Pope* en parlant de *Quintilien*. Ce Rhéteur a profité du travail & des lumieres d'*Aristote* & de *Ciceron*, mais il a suivi une route toute différente. Il prend au berceau celui qu'il veut former à l'éloquence. Il lui choisit des maîtres vertueux & habiles ; il montre comment il faut lui enseigner les principes des langues, des sciences & des beaux arts. Il prescrit la méthode qu'on doit garder pour cultiver ses dispositions naturelles, pour éclairer son esprit, diriger ses lectures, corriger ses essais, & se former peu à peu à l'exactitude de la composition. Non content de donner des regles par rapport à la conduite de l'esprit, il en donne aussi pour celle des mœurs. Ensuite quand le cœur & l'esprit du disciple sont assez formés, il lui ouvre les trésors de la Rhétorique, il lui en découvre la nature, la fin & les moyens. De son tems, l'éloquence avoit beaucoup dégénéré. On commençoit à préférer le clinquant à l'or pur ; on rejettoit les pensées que la nature dicte pour courir après celles que l'art suggére. On vouloit dans un discours des pointes, de jeux de mots, des traits brillans. On cherchoit, non ce qui orne la vérité, mais ce qui la farde ; & l'on croyoit n'avoir ni esprit, ni délicatesse, si ce qu'on disoit pouvoit s'entendre facilement, & sans avoir besoin d'interprêtes. *Quintilien* combattit ce mauvais goût. Il prit la défense des Anciens; il soutint qu'il étoit dangereux de vouloir avoir plus d'esprit que *Démosthènes* & que *Ciceron*, qu'*Homère*, que *Virgile* & qu'*Horace*; que ces vains ornemens dont on étoit si amoureux faisoient une éloquence fardée, qui n'avoit plus rien de naturel; enfin que l'affectation, l'obscurité, l'afféterie & l'enflure étoient incompatibles avec le beau style. Tout le monde connoît la fidéle & élégante traduction de *Quintilien* en quatre vol. *in*-12. & en un vol. *in*-4°. par M. l'Abbé *Gedoin*. Admirateur des Grecs & des Romains, il en devint l'heureux interprête. Ses versions ressemblent aux belles copies de l'antiquité, qui font revivre dans un travail moderne le feu & l'esprit de l'original ancien.

On a attribué à *Quintilien*, mais peut-être sans raison, le *Dialogue des Orateurs*, qui se trouve parmi les œuvres de *Tacite*. Ce Dialogue ne peut être que l'ouvrage d'un grand maître. On y trouve des caractères soutenus, des portraits d'après nature, des contrastes menagés avec art, une composition variée, des comparaisons justes. Par-tout on discerne un auteur sage, judicieux, mais trop fleuri & trop porté vers cette éloquence déclamatoire qui s'empara peu à peu de tous les esprits, & qui perdit entiérement le goût. M. *Morabin* publia en 1722. à Paris une traduction de ce Dialogue qui est exacte & conforme à l'original.

****

§. II.

RHÉTORIQUE DES MODERNES.

LEs Modernes ont écrit sur la Rhétorique comme les Anciens; ils ont suivi leurs préceptes, mais ils les ont quelquefois approfondis de façon à se les rendre propres. Je commencerai la liste de leurs écrits par l'ouvrage que M. *Gibert* a publié sous ce titre : *Jugement des Savans sur les auteurs qui ont traité de la Rhétorique, avec un précis de la Doctrine de ces auteurs.* Ce livre est d'autant plus utile, qu'on peut le regarder en quelque façon, comme un corps de Rhétorique, à cause du grand nombre de regles, de principes & de réfléxions

Gibert.

ſur cet art, dont il eſt rempli. C'eſt en même tems un bon recueil de Mémoires qui peuvent infiniment ſervir à ceux qui voudront écrire ſur cette matiere. Il y a beaucoup à profiter dans l'examen qu'il fait des ſentimens de tant de différens auteurs, ſur un art auſſi beau & auſſi utile que celui de l'Eloquence. M. *Gibert* ne prétend pas cependant avoir épuiſé ſon ſujet, ni avoir parlé de tous les Rhéteurs anciens & modernes. En ceci, comme dans les autres ſciences, le bon eſt borné & le mauvais eſt infini.

Il faut mettre dans ce dernier genre toutes les Rhétoriques qui ont précédé l'*Art de parler* du Pere *Lami* de l'Oratoire, & on pourroit même y comprendre ce livre, plein de choſes étrangeres à ſon ſujet, d'idées fauſſes & bizarres, & qui eſt d'ailleurs très-ſuperficiel. C'eſt le ſentiment de M. *Gibert* qui nous a donné quelque choſe d'infiniment meilleur dans ſa *Rhétorique* ou *Regles de l'Eloquence*, Paris 1730. *in*-12.

Cet ouvrage eſt diviſé en trois Livres. L'auteur traite dans le premier de l'invention oratoire, c'eſt-à-dire, de cette partie de l'art de l'éloquence qui donne des préceptes pour aider à trouver les pensées qui doivent composer le discours. Il explique dans le second Livre, les différentes parties du discours & l'arrangement qu'il faut y garder. L'élocution & tout ce qui y a rapport, font la matiere du troisiéme Livre. Dans tous, on sent un maître qui avoit enseigné depuis plus de 40. ans les regles qu'il explique. " C'est „ lui rendre justice, dit l'Abbé *Des-* „ *fontaines*, que de reconnoître qu'il „ posséde *Aristote*, *Hermogene*, *Cice-* „ *ron*, *Quintilien*; qu'il entend la ma- „ tiere qu'il traite; que les principes „ de ses grands maîtres sont bien ex- „ pliqués, & qu'il y a de la dialec- „ tique dans ce qu'il a écrit sur l'art „ oratoire, où l'imagination a tant de „ part. Mais il y a quelques endroits „ obscurs, & cette obscurité vient du „ style qui est embarrassé, peu châtié, „ pour ne pas dire dur. Il est vrai „ qu'on se propose seulement d'ins- „ truire; mais le genre didactique a „ ses graces particuliéres, j'en appelle „ à l'*Art de penser*. Je n'aime pas non „ plus les termes techniques écorchés „ du Grec; il falloit en substituer de „ plus intelligibles. Ce que je par-

„ donne encore moins à l'auteur si „ estimable par son sçavoir & par sa „ probité, c'est de citer des vers classiques qui doivent mourir dans les „ lieux où ils sont nés. Les exemples „ sont en général bien choisis & bien „ éclaircis, mais il s'en trouve quelques-uns d'un très-mauvais goût. „

L'auteur du *Traité des Etudes* excelle dans les parties qui manquent à M. *Gibert*. On sçait que le second volume de son ouvrage est entiérement consacré à la Rhétorique. " Il „ peint, dit l'Ecrivain déjà cité, agréablement ses pensées; son style est „ vif & élégant; mais il y a peu d'ordre dans son traité; ses fréquentes „ contradictions font de la peine à „ des lecteurs attentifs; elles se dérobent à la plûpart des lecteurs entraînés par les agrémens du style. Après „ qu'on a lu un certain nombre de „ pages tout vous échappe; on sçait „ seulement que l'auteur a dit des choses ingénieuses, & a souvent parlé „ en Orateur; on ne peut presque rien „ reduire en principes. Je voudrois „ que M. *Gibert* eût l'esprit & le style „ de M. *Rollin*, ou que celui-ci eût „ autant médité que son émule sur les Rollin.

„ fondemens de l'art oratoire ; l'un a „ plus de sçavoir, l'autre a plus de „ goût. A l'égard de l'ordre & de la mé- „ thode, la Rhétorique de M. *Gibert* „ tient beaucoup de celle d'*Aristote* ; „ & M. *Rollin* semble s'être formé sur „ *Quintilien*, qui donne rarement des „ préceptes sans ornemens. „

Rapin Nous devons à trois Jésuites des observations relatives à la Rhétorique qui ne sont pas sans mérite. Le premier est le P. *Rapin* dont les *Reflexions sur l'éloquence de ce tems en général*, imprimées à Paris 1672. *in-12.*, méritent quelque attention. Ce que l'auteur dit en particulier sur les causes de la chûte de l'éloquence, est fort judicieux. Il les attribue au peu de liberté qu'ont les Orateurs, à la modicité des récompenses qu'ils espérent, à la multitude des affaires qui les accablent, au peu de soin qu'ils prennent de s'instruire, au défaut de génie, à la fuite du travail. Mais dans d'autres endroits le Pere *Rapin* montre plus son érudition que la justesse de son esprit. Il rapporte mal plusieurs faits ; plusieurs de ses idées sont fausses, & il confond les grands ornemens de l'éloquence avec les antithèses, les épithètes, les faux brillans,

La *Maniere de bien penser dans les ouvrages d'esprit*, Paris 1688. *in-12.* par le P. *Bouhours*, confrere du Pere *Rapin*, offre aussi beaucoup de pensées plus brillantes que solides. On y donne de grands éloges à des saillies de bel esprit, plûtôt qu'aux vraies productions de génie. Il y a d'ailleurs un autre défaut : c'est que sur un grand nombre d'exemples que l'auteur rapporte, il se contente de dire qu'ils plaisent, sans montrer pourquoi ils plaisent. Son autorité n'étant point infaillible, il devoit, ce semble, l'appuyer sur de bonnes raisons. Aussi tous ses lecteurs ne sont-ils pas de son goût. Beaucoup de pensées qu'il approuve, qu'il loue, ne paroissent à d'autres que des trivialités brillantes. On n'a pas trouvé non plus assez de justesse dans plusieurs de ses idées, comme dans celle qu'il donne de la délicatesse, qu'il fait consister dans le *mystère qu'une pensée présente à l'esprit, & que l'esprit se plaît à développer.* Cette définition peut être appliquée à une pensée obscure, comme à une pensée fine. Bouhours

Il peut aussi y avoir des raisonnemens qui ayent le même caractère. Ce qui choque le plus dans l'ouvrage du P. *Bouhours*, ce sont des retours sur lui-même trop marqués ; & une trop grande attention à faire connoître ses propres qualités dans la peinture avantageuse qu'il fait de ses interlocuteurs ; (car son livre est en forme d'entretien.) Avec tous ces défauts, il faut avouer qu'il y a une telle abondance de jolies choses dans ces dialogues qu'ils satisfont quelquefois autant l'imagination que les oreilles, & l'on y est comme ébloui par la variété des objets. Mais peut-être n'est-ce pas là faire l'éloge d'un ouvrage d'instruction. L'auteur avoit voulu en faire en même tems une Rhétorique & une Logique. Ce n'est assurément ni l'un ni l'autre. Le Pere *Bouhours* sentit bien qu'il seroit critiqué & pour aller au-devant des censeurs, il se donna les plus grands éloges dans quatre *Lettres* anonymes *à une Dame de Province*, publiées en 1688. Il n'y avoit guéres que l'amour propre d'un Jésuite qui fût capable d'un artifice semblable.

Buffier. Le Pere *Buffier*, autre Jésuite, a donné une forme moins agréable, mais plus solide, à son *Traité philosophique & pratique de l'Eloquence*, à Paris chez le Clerc 1728. *in*-12. Il y a des paradoxes dans cet écrit ; mais il y a aussi des réfléxions très-justes. L'auteur regarde tous les traités des anciens sur la Rhétorique, plûtôt comme des ouvrages propres à occuper agréablement l'esprit, qu'à donner cette sensibilité qui fait l'homme éloquent. Il fait consister l'éloquence uniquement dans le talent de faire sur l'ame des autres, par l'usage de la parole, l'impression de sentiment que nous éprouvons. C'est à-peu-près la définition qu'en a donné ensuite M. d'*Alembert*. Selon l'auteur Jésuite, cette éloquence, la seule qu'il admette pour vraie, tire peu de secours des regles ordinaires, parce que, dit il, elles ne peuvent être que générales & vagues. Elles sont vraies en elles-mêmes, mais inutiles dans la pratique, par la quantité infinie de circonstances où elles doivent avoir des applications particulieres, dont il prétend qu'on ne peut indiquer le détail. Il entre cependant lui-même dans une sorte de détail de ces regles touchant les principales parties du discours, & ce qu'il dit, peut faire plaisir à ceux mêmes qui ne seroient pas de son opinion. Les préceptes sur les figures de Rhétorique lui paroissent encore plus inutiles ; parce que ces figures sont, selon lui, des tours si naturels à tous les discours humains, que l'art ne fait qu'y prêter des noms, pour faire souvenir que leur variété sert à en mettre dans les discours, *ce qui se présente*, ajoute-t'il, *comme de soi-même à tout homme qui n'a pas une imagination froide.*

Qu'on pense ou qu'on ne pense pas comme le P. *Buffier*, on ne peut s'empêcher de trouver de la profondeur & de la finesse dans ses réfléxions. C'est la qualité qu'on remarquera encore dans les *Agrémens du langage réduits à leur principe*, publiés en 1718. *in*-12. par M. de *Gamache*, Chanoine de Ste. Croix de la Bretonniere. Ses regles sont ingénieuses & ses exemples agréables ; on a appellé son livre le *Dictionnaire des Pensées fines*, parce qu'il y en a beaucoup de ce genre, & qu'il peut servir à en faire naître. Mais ces traits déliés ne sont que trop communs dans notre siécle, & loin de nous donner le moyen de faire un amas de fleurs, sous lesquelles le goût se perd, il faudroit plûtôt nous apprendre l'art d'être simple.

Gamache.

Les *Dialogues sur l'Eloquence*, ouvrage posthume de M. de *Fénélon*, parurent la même année que les *Agrémens du langage*. Les anciens & les modernes avoient traité de l'Eloquence avec différentes vues & en différentes manieres, en Dialecticiens, en Grammairiens, en Poëtes. Mais il nous manquoit un homme qui traitât cette science en philosophe, & en philosophe chrétien. C'est ce qu'a exécuté l'illustre Archevêque de Cambrai dans ses Dialogues. Mais plus il y a d'agrémens dans cet ouvrage, plus on doit être en garde contre ce qu'il renferme de contraire aux progrès & à la perfection de l'éloquence. C'est ce qui a engagé M. *Gibert* à faire remarquer plusieurs des défauts qui se trouvent dans ces Dialogues; les réfléxions qu'il fait à cet égard dans ses *Jugemens des Savans sur les maîtres d'Eloquence*, méritent d'être lues. Il observe, entr'autres, que l'auteur s'attache à décrier ce qu'il a fait briller par-tout; le bel esprit qu'il est plus aisé de censurer que d'éviter: mais dans les défauts même de *Fénélon*, on reconnoît toujours sa belle ame. Il exhorte dans plusieurs endroits à n'em-

Fenelon.

ployer l'éloquence que pour porter les hommes à la vertu. Il dit que le desir de plaire, de s'élever, de se faire de la réputation, n'est point un motif qu'on doive écouter; qu'il ne faut parler que pour instruire; ne louer un héros que pour apprendre ses vertus au peuple, que pour l'exciter à les imiter, que pour montrer que la gloire & la vertu sont inséparables.

Gail-lard. La *Rhétorique Françoise à l'usage des Demoiselles, avec des exemples tirés de nos meilleurs Orateurs & de nos Poëtes modernes, in-12.*, par M. *Gaillard*, a toutes les graces propres au beau sexe, sans exclure la solidité qui est le partage du nôtre. Les exemples sont tous tirés des Auteurs françois, & ils sont à la portée de tous les esprits. Les femmes qui veulent réunir les talens du cabinet & de la société, ne peuvent se dispenser de lire ce bon ouvrage.

Pa-pon. L'*Art du Poëte & de l'Orateur*, publié en 1766. *in-12.* par le P. *Papon* de l'Oratoire, n'a point été destiné aux Demoiselles. L'auteur l'annonce comme un ouvrage classique; mais, quoique cette Rhétorique soit faite pour des jeunes gens, c'est peut-être la plus éloignée de la route ordinaire des Rhéteurs. L'auteur ayant réfléchi sur un défaut essentiel des Rhétoriques de Collège, qui est de ramener tout à l'imitation des Anciens, & de nous remplir des préceptes d'*Aristote*, sans les plier à nos usages, à nos mœurs, a cru devoir les abandonner & tracer un nouveau plan. Toutes les autres Rhétoriques sont bornées à l'éloquence & ne parlent point de la Poésie. On embrasse ici ces deux objets, parce que le Poëte & l'Orateur, (ainsi qu'on l'observe) n'ayant tous deux que le même but, celui de plaire, de toucher, d'instruire, ils ne différent que dans la maniere d'employer les moyens qui leur sont communs : mais la poétique n'est pas longue, parce qu'on se propose moins de former des Poëtes que des lecteurs éclairés.

L'ouvrage du P. *Papon* parut dans une mauvaise circonstance. On venoit de donner à Paris la *Rhétorique Françoise* de M. *Crevier* en 2. vol. *in*-12., & ce livre fit tort à l'autre. On peut dire de cette production posthume d'un Rhéteur habile ce que Mr. de *Querlon* a dit des *Regles de l'Eloquence* Crevier.

par *Gibert*. " C'eſt l'ouvrage le plus
„ complet que nous connoiſſions en
„ ce genre, & ſon uſage, pour qui
„ ſaura le lire avec fruit, ne ſe bor-
„ nera point aux écoles. On a ſouvent
„ mis en queſtion, (& depuis que tout
„ le monde ſe mêle de donner de
„ nouveaux plans d'étude, on l'agite
„ plus que jamais,) ſi la Rhétorique
„ eſt néceſſaire. Perſonne ne peut igno-
„ rer que le talent de l'éloquence dans
„ ce degré éminent, où s'éléve un
„ [illegible]z petit nombre d'hommes pri-
„ [illegible]giés, ne ſoit un preſent de la
„ nature, comme tous les dons du
„ génie. Mais ſi l'on reconnoît des
„ Orateurs, formés par l'étude ou par
„ l'exercice, il faut reconnoître des
„ regles, & dès-lors, la Rhétorique
„ eſt un art utile, puiſqu'elle tend à
„ faciliter l'énonciation, ou l'uſage de
„ parler de la maniere la plus propre
„ à perſuader, à convaincre, ou à ſe
„ faire écouter agréablement. „

L'*Art Oratoire réduit en exemples*, en 4. volumes *in*-12. 1760. par *Gerard* de *Benat*, eſt une compilation, où l'on propoſe quelquefois de mauvais modèles. Les morceaux qu'il cite ſont pris très-ſouvent dans des Orateurs

Orateurs qui avoient plus d'esprit que de goût.

---

§. III.

Ecrits sur l'Eloquence de la Chaire & du Barreau.

L'Eloquence de la Chaire, dit le Pere *Ceruti*, a de grands avantages sur l'Eloquence profane. Elle trouve plus aisément l'art d'intéresser le sentiment, l'art d'étonner l'imagination; elle présente de plus grands moyens à celui qui parle; elle étale de plus grands objets à ceux qui écoutent. Le rôle le plus imposant que puisse jouer un Orateur profane, c'est d'être l'interprête de son Roi ou l'organe de la patrie; le théatre le plus brillant qu'il puisse s'ouvrir, c'est un Sénat, une Cour, une place publique; les sujets les plus frappans qu'il puisse traiter sont l'homme & ses besoins, le tems & ses vicissitudes. L'Orateur sacré joue un plus grand rôle, celui d'être l'interprête de son Dieu, & l'organe de la Religion. Il s'ouvre un plus grand théatre; il parle dans le sanctuaire des Temples & à la face des Autels ; il traite un plus grand sujet, JESUS-CHRIST & ses loix, l'éternité & ses suites.

Il est donc important pour ceux qui se consacrent à ce genre d'éloquence, de lire les auteurs qui en ont donné les regles.

Rapin Le P. *Rapin* a laissé quelques bonnes réfléxions sur ce sujet intéressant, mais elles trouverent dans le tems plusieurs critiques. " L'on voit bien (dit *Gue-*
„ *ret* dans sa *Guerre des Auteurs an-*
„ *ciens & modernes*) que l'auteur n'a
„ fait son livre que pour décharger
„ son chagrin sur nos plus grands
„ Orateurs, & particuliérement sur
„ ceux de la chaire. „ Le critique en cite ensuite quelques-uns de ceux que *Rapin* a censurés ; mais ils sont si peu connus que le tems a prouvé que le Jésuite n'avoit pas tort. *Gueret* lui reproche ensuite de vouloir " que le
„ Prédicateur fasse provision d'une
„ morale de qualité pour la Cour,
„ d'une morale bourgeoise pour le
„ peuple & d'une morale campagnarde
„ pour les villageois ; encore n'est-ce
„ pas là tout. Car si ce prédicateur
„ avec sa triple morale, n'a le visage
„ d'un Anachoréte ; s'il prétend prê-

„ cher avec un teint frais & vermeil ; „ s'il ne se défait de son embonpoint ; „ fut-il le plus grand Orateur du „ monde, ce nouveau Rhéteur nous „ assure qu'il ne fera rien, & que ses „ paroles se perdront en l'air. Sur ce „ pied là, il faut désormais que nos „ Prédicateurs deviennent étiques ; il „ ne leur sera plus permis de se bien „ porter ; la jaunisse & la maigreur „ seront deux parties essentielles dans „ l'éloquence sacrée ; & voilà ce que „ personne n'avoit enseigné jusqu'à „ présent. „ On voit par ce passage que *Rapin* exigeoit peut-être trop de choses des Orateurs sacrés, comme aujourdhui on en exige trop peu.

On trouvera l'apologie de ce Jésuite dans l'*Art de prêcher la parole de Dieu* publié à Paris en 1687. *in*-12., par le P. *Marc-Antoine* de *Foix*, Jésuite de l'illustre maison de ce nom, homme d'un esprit supérieur, & fort distingué dans sa Compagnie. Ami du P. *Rapin*, il tâche de le laver des reproches que *Gueret* & plusieurs autres lui ont fait ; mais il tombe lui-même dans plusieurs des défauts qu'ces critiques ont repris. L'ouvrage du Pere de *Foix* est encore mieux écrit, plus solide, plus Foix.

approfondi ; on y reconnoît l'homme d'esprit, le savant poli, & versé dans la littérature sacrée & profane. Mais il y a trop de répétitions dans son traité, & sur-tout trop de digressions. On y trouve une longue apologie des Sermons de St. François de *Sales* ; un discours sur la nécessité & les avantages de la Théologie scholastique, qui est précisément l'opposé de la véritable éloquence ; enfin un panégyrique des Casuistes modernes fort ennuyeux & fort long. Cet auteur n'avoit pas le talent de la précision.

Voici un autre livre d'un Jésuite ; c'est l'*Eloquence chrétienne dans l'idée & dans la pratique*, par le P. *Blaise* Gibert. *Gibert* 1715. *in*-4°. Cet écrit est à peu-près du même mérite que le précédent ; il est rempli d'idées fausses & écrit d'un style entortillé. Le dessein de l'auteur est d'expliquer ce qui est de bon ou de mauvais goût dans l'éloquence de la chaire & ce dessein est louable ; mais il est mal exécuté. Le Jésuite blâme les Prédicateurs qui citent les auteurs payens, *parce que*, dit-il, c'est *donner une pierre à un enfant au lieu de pain, un scorpion au lieu de poisson*. Le blâme peut être bon, mais la raiſon ſur laquelle on l'appuie eſt fort mauvaiſe, à moins qu'on ne ſuppoſe une doctrine perverſe dans ſes citations. En condamnant le brillant dans le diſcours, il dit qu'un homme qui s'en défait *écraſe tous ſes petits contre la ſolidité de la pierre*. Tout eſt écrit de ce ſtyle pédanteſque.

Voulez-vous quelque choſe de mieux ? Liſez les *Maximes ſur le miniſtère de la Chaire*, par le P. *Gaichiés* de l'Oratoire. Elles ont été recueillies avec ſes *Diſcours académiques*, à Paris 1738. *in*-12. Il y a peu de livres écrits avec plus de préciſion que les Maximes ſur la Chaire. Il ſeroit difficile, dit l'Abbé des *Fontaines*, de raſſembler en moins de mots & avec autant de goût & de diſcernement, tout ce qui ſert à bien connoître l'art de prêcher. L'auteur a recueilli avec ſoin les préceptes les plus importans ſur cette matiere ; & quoique diſtingués par des chiffres, ils ne laiſſent pas de former un tiſſu délicat & ingénieux. On voit tout d'un coup qu'il n'a obſervé cette méthode que pour les rendre plus vifs & plus aiſés à retenir. Il y a un art admirable à avoir ainſi fondu ſes idées, & à les avoir

Gaichiés.

exprimées avec un laconiſme dont l'énergie ne nuit point à la clarté. Un ouvrage ſi bien digéré, & dont toutes les parties tiennent par un fil preſque imperceptible, ſuppoſe la méditation la plus profonde, la parfaite connoiſſance des vraies beautés de l'Eloquence, & l'attention la plus ſérieuſe aux principes & aux conſéquences qui en réſultent. Rien n'y ſent la ſécheresse didactique; le ſtyle eſt toujours plein d'agrément & de nobleſſe. Un grand éloge de ces *Maximes*, pluſieurs fois réimprimées, c'eſt que dans une édition faite à Toulouſe, on les attribua ſur un bruit aſſez répandu, au P. *Maſſillon*; mais on ſe trompoit, & le célébre Orateur déclara qu'il n'en étoit point l'auteur, en marquant en même tems toute l'eſtime qu'il en faiſoit.

Je vous ai déjà parlé des *Dialogues* de l'illuſtre *Fénélon*. Le troiſiéme roule tout entier ſur l'éloquence de la chaire. Il y a quelques idées ſingulieres & même des contradictions. Le Prélat condamne les penſées fines, les ſons harmonieux, les antithèſes étudiées, les périodes arrondies, &c. &c. &c.: & ſi l'on examine les endroits qui lui plaisent dans les auteurs, tous ces ornemens s'y rencontrent. Il fait un si grand cas de la force de l'action, qu'il décide qu'un Missionnaire de Village, qui sçait effrayer & faire couler des larmes, frappe bien plus au but de l'éloquence, qu'un Prédicateur dont le style est châtié, & le raisonnement solide, mais dont l'action est languissante. Il n'approuve point la méthode de partager les Sermons en deux ou trois points, ni l'usage où l'on est d'apprendre tout par cœur. Mais si ces divisions se suivent l'une l'autre, si au lieu de faire de chaque point comme un Sermon particulier, elles ne forment qu'un tout bien lié, bien suivi; il me semble que ces divisions ne servent qu'à mettre plus d'ordre & de méthode, à faire sentir davantage si l'on a prouvé ce que l'on avoit entrepris de prouver. A l'égard de la coutume d'apprendre par cœur, l'impossibilité pour bien des gens de prêcher *ex abundantia*, comme le voudroit *Fénélon*, sera pour eux une raison décisive de conserver l'ancienne méthode. Une personne qui seroit en état d'étendre ou de resserrer une vérité, de la presser, ou de ne faire que l'indiquer selon qu'il s'appercevroit que cela conviendroit à la situation d'esprit de ses auditeurs, pourroit faire un grand fruit; mais il est rare de trouver de telles personnes. C'est beaucoup que la plûpart disent de bonnes choses de quelque maniere qu'elles s'y prennent. On doit s'en contenter, & ne pas vouloir les astraindre à une méthode, dont peu de gens sont capables, & qui peut produire plus de mal que de bien.

Fenelon. La Rue. Le sentiment de M. de *Fénélon* étoit celui du Pere de la *Rue*, comme on le voit par la préface de ses Sermons. Le zéle, dit-il, n'a point de plus fidéle instrument qu'une imagination bien gouvernée, ni de plus grand ennemi, qu'une mémoire impérieuse, à qui l'imagination & l'esprit sont forcés d'obéir. C'est ce qui engage l'habile Jésuite à prouver, autant qu'il est en lui, qu'on ne devroit pas prêcher de mémoire, & les désavantages qu'il y a à prêcher ainsi. Ses raisons paroissoient justes en général. Mais il est plus aisé d'en sentir la bonté, que de les exécuter. Cette préface au reste, est un morceau digne d'être lu, si l'on en excepte le fade panégyrique de *Louis XIV*. & de sa Cour.

M. l'Abbé *Trublet*, à l'imitation du Pere de la *Rue*, a fait aussi d'excellentes *Réflexions sur l'Eloquence* à la suite de ses Panégyriques. " Je me „ flâte, dit-il, qu'on trouvera de la „ conformité entre les unes & les autres (les Panégyriques) entre ma „ théorie & ma pratique, & d'autant „ plus, peut-être, que j'ai moins „ songé à y en mettre. L'attention actuelle aux regles & aux préceptes „ seroit un obstacle à les observer. Il „ faut les avoir étudiées, se les rappeller encore dans les intervalles „ du travail, & n'y plus songer pendant le travail même. Le seul précepte que je n'ai jamais perdu de „ vue, parce qu'il est le seul indispensable, & qu'il comprend tous les „ autres, c'est celui de tendre toujours à la plus grande utilité de l'auditeur. Mais j'ai encore moins composé mes Réfléxions d'après mes „ Panégyriques, que mes Panégyriques d'après mes Réfléxions ; & „ j'ose espérer qu'on ne trouvera rien „ dans celles-ci qui ait été dicté au „ Rhéteur par l'intérêt personnel du

Trublet.

„ l'Orateur ; rien qui décéle l'intention de justifier par des principes particuliers une maniere qui me seroit particuliére. Ces réfléxions sont absolument à tous égards dans le goût de mes *Essais de littérature & de morale*. Ce ne sont guéres que des pensées détachées, venues les unes après les autres en différens tems, rangées à peu-près dans l'ordre où elles me sont venues, & dès-lors peut-être assez mal arrangées. De-là encore quelques répétitions. Les mêmes pensées m'étant revenues plus d'une fois, j'ai cru pouvoir répéter avec différens tours, quelques-unes de celles qui m'ont paru les plus importantes. „

St. Pierre

M. l'Abbé *Trublet*, ami de l'Abbé de St. *Pierre*, a profité des *Observations* de celui-ci pour *rendre les Sermons plus utiles*. Ces observations n'ont presque rien qui ressemble aux autres ouvrages sur l'éloquence chrétienne, dont j'ai parlé dans cet article. C'est un écrit systématique, où, avec de fort bonnes idées, on en trouve beaucoup plus de singulieres, comme dans la plus grande partie des opuscules de cet Ecrivain. Dans celui-ci il exclut de la chaire les discours où l'on ne traiteroit que des mystères, où l'on ne parleroit que de la vérité de la Religion, & plusieurs autres sujets que nos meilleurs Prédicateurs ont traités avec beaucoup de solidité. Il convient de l'importance des Sermons, il veut qu'on y assiste, & il recommande cette pratique; mais il voudroit que dans tout discours on eût pour but unique de diminuer le nombre des injustices, & d'augmenter celui des bienfaisances du plus grand nombre des auditeurs : il traite tout le reste de *vérités spéculatives.* Entr'autres opinions singulieres que l'on trouve répandues dans cet écrit, on est étonné que l'auteur y soutienne celle-ci, que les *Chrétiens sages & éclairés croient qu'il vaut mieux écouter un beau & bon Sermon pour mieux pratiquer les vertus, que de demander à Dieu la grace de bien pratiquer ces vertus*; & il ose traiter ceux qui pensent différemment, d'*Idolâtres*, de *Payens*, de *Quakers*, & de *Fanatiques ignorans.*

Il y a plus de justesse & plus d'agrément dans l'art de prêcher, petit Poëme en quatre chants, par l'Abbé de *Villiers*. L'auteur allie l'instruction Villiers.

avec l'enjouement. Il donne les regles principales de l'éloquence de la chaire & même celles de la véritable éloquence en général ; mais son style est foible, il ne peint rien.

Bes-plas. L'*Essai sur l'éloquence de la chaire*, par M. l'Abbé *Gros* de *Besplas* 1767. *in*-12., est d'un homme d'esprit qui a bien réfléchi sur un art qu'il cultiva avec succès.

Je pourrois faire connoître plusieurs autres Ecrits sur l'éloquence ; mais ils sont répandus çà & là dans des traités qui roulent sur diverses matieres. Il vaut mieux dire quelque chose des écrits sur l'éloquence du Barreau. Nous ne sommes pas bien riches dans ce genre ; on trouvera pourtant de bonnes choses dans les *Regles pour former* Mer-ville. *un Avocat*, par M. *Biarnoi* de *Merville*, Avocat au Parlement de Paris, 1740. *in*-12. L'auteur entre dans le détail de tout ce qui doit composer un bon plaidoyer, & des talens extérieurs de l'Avocat. Son ouvrage est en forme de maximes ; & j'en ai peu trouvé qui ne soient solides & judicieuses. Un peu plus de précision & dans quelques-unes un peu plus de clarté, n'y eussent pas nui.

On désire la même qualité dans les *Entretiens sur l'éloquence de la Chaire & du Barreau*, par *Gueret*, Avocat au Parlement de Paris, 1666. *in*-12. Il donne de fort bons préceptes ; mais ses réfléxions ne sont pas toujours judicieuses. Il ne veut pas, par exemple, qu'on emploie le pathétique dans le Barreau ; il en fait un caractère distinctif de l'éloquence des sophistes. Cette éloquence, dit-il, emploie la douceur, la violence, le pathétique & l'harmonie des périodes. Elle a tantôt bouleversé la Grèce, par les *Philippiques* de *Démosthènes*, & tantôt l'Empire Romain par celles de *Ciceron*. Mais la véritable éloquence n'emploie-t'elle pas aussi tout ce que l'on reproche à celle des sophistes, & ne sçait-elle pas en faire un bon usage ? Et si l'éloquence des *Philippiques* de l'Orateur grec & de l'Orateur romain est une fausse éloquence, il n'y en eut jamais de vraie. Gueret.

Le traité de l'*Eloquence du Barreau*, par M. *Gin* 1767. *in*-12., offre quelques vues nouvelles & des réfléxions judicieuses. Gin.

§. IV.

DES ÉCRITS SUR L'ACTION DE L'ORATEUR.

C'Est en vain qu'un Docteur qui prêche l'Evangile,
Mêle chrétiennement l'agréable & l'utile.
S'il ne joint un beau geste à l'art de bien parler,
Si dans tout son dehors il ne sait se régler,
Sa voix ne charme plus, sa phrase n'est plus belle,
Dès l'exorde j'aspire à la gloire éternelle;
Et dormant quelquefois sans interruption,
Je reçois en sursaut sa bénédiction.
Vous donc qui pour prêcher courez toute la terre,
Voulez-vous qu'un grand peuple assiége votre chaire?
Voulez-vous enchérir les chaises & les bans,
Et jusques au portail mettre en presse les gens?
Que votre œil avec vous me convainque & me touche;
On doit parler de l'œil autant que de la bouche.
Que la crainte & l'espoir, que la haine & l'amour
Comme sur un théatre y parlent tour-à-tour.

Sanlecque. Tels sont les préceptes que le Pere *Sanlecque*, Chanoine de Ste. Geneviéve, donne aux Orateurs dans son *Poëme sur les mauvais gestes de ceux qui parlent en public, & sur-tout des Prédicateurs.* Cet ouvrage dont la Poéſie eſt foible, offre des maximes utiles, exprimées quelquefois heureuſement; mais on ſçait qu'on n'a jamais rien approfondi en vers, & il faut lire ſur la matiere qui fait l'objet de ce chapitre des Livres plus ſolidement raiſonnés.

M. l'Abbé *Mallet* qui donna en 1753. des *Principes pour la lecture des Orateurs*, que j'ai oublié de vous faire connoître, publia la même année un *Eſſai ſur les bienſéances oratoires*, dans lequel il expoſe avec netteté les préceptes des grands maîtres. Mallet.

Trois ans après, Mr. l'Abbé *Dinouart* fit préſent aux littérateurs d'un traité plus approfondi intitulé : l'*Eloquence du corps [illegible] l'action du Prédicateur : ouvrage utile à tous ceux qui parlent ou qui [illegible]poſent à parler en public*. Cette production réimprimée en 1761. *in*-12., renferme tout ce que les plus grands hommes de l'antiquité & du dernier ſiécle, ont écrit de plus judicieux ſur l'action de l'Orateur. Dinouart.

„ Une excellente Rhétorique, dit *Fénelon*, ſeroit celle où l'on raſſembleroit les plus beaux préceptes d'*Ariſtote*, de *Ciceron*, de *Quintilien*, de *Longin*, &c. & ne prenant que

„ la fleur de la plus pure antiquité, „ on feroit un ouvrage exquis. „ L'auteur a rempli ce dessein par rapport à l'objet qu'il traite. Les jeunes Prédicateurs trouveront ici dans un seul volume les maximes & les regles des meilleurs Orateurs anciens & modernes. Toute la matiere de ce bon Livre est distribuée en vingt-trois chapitres qui roulent uniquement sur l'action de l'Orateur sacré. L'auteur traite diverses questions qui y sont relatives, & il couronne son ouvrage par l'*Art de prêcher* de l'Abbé de *Villiers*, & par le Poëme du Pere *Sanlecque*. Ces deux écrits terminent le volume.

Quelque différens que soient l'objet du comédien & celui du Prédicateur, comme ils les remplissent par les mêmes moyens, parce que les mêmes moyens peuvent servir au vice & à la vertu, je crois pouvoir conseiller à ceux qui se destinent à la chaire la lecture du Livre de M. *Remond* de Ste. *Albine*, intitulé le *Comédien* ; livre excellent & rempli de réflexions très-justes & très-fines sur l'art de la déclamation. On sçait que *Ciceron* avoit eu pour maître *Clodius Esopus*, le plus grand acteur qu'ayent eu les Romains.

Remond de Ste. Albine.

dans le tragique; & j'ai entendu dire que le Pere de la *Rue* avoit quelquefois consulté le célébre *Baron*.

On peut aussi se servir très-utilement des *Pensées sur la déclamation*, qu'un célébre acteur du théatre italien de Paris, M. *Riccoboni*, donna en 1738. *in*-8°. Il ne borne pas ses préceptes aux Comédiens; il en donne aux Orateurs sacrés. Il remarque les différens caractères de la déclamation qui leur convient, selon les différentes sortes de discours qu'ils ont à prononcer. Le ton de zéle doit dominer dans le Sermon, le ton de l'admiration dans le Panégyrique & le ton de la douleur dans l'Oraison funèbre. En finissant, Mr. *Riccoboni* exhorte les jeunes Orateurs à s'exercer long-tems en secret, avant que de paroître en public. En effet, il est fâcheux d'avoir à essuyer leur apprentissage, & c'est ce qui n'arrive que trop souvent aujourd'hui où tous les écoliers se croient maîtres.

Riccoboni.

Fin du premier Volume.

TABLE ALPHABÉTIQUE DES AUTEURS.

A

B

R

S

T

V

Y

Z

Fin de la Table des Auteurs.

www.ingramcontent.com/pod-product-compliance
Lightning Source LLC
LaVergne TN
LVHW012112170826
845678LV00001BA/18